# 智慧之光

杨厚炜 / 著

中国书籍出版社

图书在版编目（CIP）数据

智慧之光 / 杨厚炜著. --北京：中国书籍出版社，2024.1
　　ISBN 978-7-5068-9795-2

　　Ⅰ.①智…　Ⅱ.①杨…　Ⅲ.①教育-文集
Ⅳ.①G4-53

中国国家版本馆 CIP 数据核字（2024）第 011799 号

**智慧之光**

杨厚炜　著

| 图书策划 | 许甜甜　成晓春 |
|---|---|
| 责任编辑 | 张　娟　成晓春 |
| 装帧设计 | 书香力扬 |
| 责任印制 | 孙马飞　马　芝 |
| 出版发行 | 中国书籍出版社 |
| 地　　址 | 北京市丰台区三路居路 97 号（邮编：100073） |
| 电　　话 | （010）52257143（总编室）（010）52257140（发行部） |
| 电子邮箱 | eo@chinabp.com.cn |
| 经　　销 | 全国新华书店 |
| 印　　刷 | 四川科德彩色数码科技有限公司 |
| 开　　本 | 880 毫米×1230 毫米　1/32 |
| 字　　数 | 206 千字 |
| 印　　张 | 8.125 |
| 版　　次 | 2024 年 1 月第 1 版 |
| 印　　次 | 2024 年 1 月第 1 次印刷 |
| 书　　号 | ISBN 978-7-5068-9795-2 |
| 定　　价 | 68.00 元 |

版权所有　翻印必究

# 让智慧之光闪烁乡村教育

胡 忠

到县教育局任职近两年半了,我经常下到学校调研,几乎走遍了全县大大小小的学校,所见所闻所历有很多令我感动,这些人和事深深地印在我的脑海里,成了我治学治教治用的思想源泉。

与杨厚炜首次接触,是在电话里。记得有一天晚上,他打电话给我,说想把从教以来的论文、心得等文稿整理结集成册,并邀请我作序。我说,出书的事我鼓励,也支持,但教育精深博大,怕妄言误导。他一再坚持,我也认为是件益事,便应允了下来。

其实之前,我是听过杨厚炜的名,但不认识杨厚炜这个人。他的名字在学校副校长名单之列,还有在家长学生的夸赞声中,我自然记得很熟悉了。后来,我到长村乡学校调研优化调整学校布局工作,该校党支部书记刘湘春一一介绍了学校领导班子成员,我才把杨厚炜的名和人对应上了。

我平常有个习惯,对让我产生好奇的人和事,都喜欢多方面了解和探索,以致把人和事看得更清更准。对杨厚炜也一样,我开始有一些疑问：他家在城里也有机会进城，为什么不进？他当了14年副校长、学部校长等校领导职务，为什么不求更进一步？也许这一切只有学校、老师、家长和学生才能告诉我答案。

今年春季学期，长村乡中学在全县优化调整学校布局之列，杨厚炜是时任长村乡总校副校长。当时，我问他关于调整布局的态度和个人去留的想法，他很坚定地告诉我，只要对学生有好处的事就坚决支持，至于个人去留听从组织安排，没什么意见。此时的我，深刻感受到了他的站位高度和个人淡泊，我们的教育就是需要把学生利益看得更重，把个人名利看得更轻的有情怀的教师。

让我更惊讶的，不只是杨厚炜的那句"我支持，没意见"，还有学校老师和学生对杨厚炜的赞扬褒奖。秋季一开学，我到涉及调整布局的各学校去走了一遍，行程又一次安排到了长村乡学校。曾经跟他搭过班子的一位校长说，杨厚炜从关溪乡学部校长到长村乡总校副校长，他跟往日一样，没有失落感，对教育对教学对学生依然热情。有一位老师说，杨厚炜就是一块砖，哪里需要哪里搬，校园里哪都有他的身影，除了热心肠还有一双跑得勤快的腿。学生更是直言不讳：这个灯是杨校长换的，那个卫生间是杨校长带着同学们冲干净的，我的单格本也是杨校长掏钱买的……

在从长村乡学校返城的路上，我跟一起参加调研的同事讨论着乡村教育发展的问题，都不约而同地赞叹着一个名字、一个人：杨厚炜。他28年如一日，把青春留在了边远乡镇，两度来到长村乡学校工作，职务越来越低，热情却丝毫不减。从他身上，我们不仅感悟了他对乡村教育的情怀与执着，更看到了乡村教育振兴的希望与力量。

前段时间，杨厚炜把他的书稿《智慧之光》电子版发给我。我抽空一气读完，立即就沉浸在他书稿所传递的文笔与思想里。他之言、之德、之论、之能、之文，皆是他之所历、所感、所思、所悟、所得，体现的既是知识渊博的经师，又是为人师表的人师。

捂书细揣，静坐独思，厚炜之名与人，可谓厚德载物、炜烁杏坛是也。

是为序。

2023 年 9 月 10 日

(作者系宜章县教育局党组书记、局长)

智慧
之光

# 一生志业乡村教育

陈荣华

老伙计厚炜要出专著了!消息传来,我一脸惊诧。当一卷散发油墨清香的智慧,摆放在我的书案上的时候,始信不是误传。随之而来的是邀我作序,我不便推却,也不能推却,于情于理,便欣然命笔。

我与厚炜是同事,他教语文,我教地理和"道法"。虽然教的不是同一个学科,但我与语文的渊源极深。我是正儿八经的中文科班生,好写诗、写小说、写散文,也写古体诗词,交往便日渐多了起来,了解也日渐深了起来,共同语言也日渐丰殷起来,以至于成为莫逆之交,一直形影不离至今天。

一

"杨老师好厉害哩,我一个孩子都管得心力交瘁,五十多个学生一到他手上都服服帖帖的了。"说这话的家长姓曹,千家岸的,我家访过两回,自然熟络。

家长对杨老师佩服得五体投地,我当然开心。家长不晓得的是,他是有大智慧的人。厚炜不止说过三回,他不仅志业于乡村教育，更志业于班级管理。我就知道，那时节，他专攻驭心之术。一个出道不久的老师，能有这样的想法，确实是难能可贵的，单凭这一点，我就对他特别青睐，特别首肯。

厚炜是一个行动力特别强的人，表现在他对工作的满腔热情，对课业的精益求精。他喜欢拜师学艺，向老教师学习，向老班主任学习，虚心，且实诚。无论他走到哪，都怀揣个小本本，记载求来的方法、技巧和经验，内化为他自己的动力。难怪他那么会管班，沿于前车之鉴，便可少走弯路，或不走弯路。始信厚炜是有思想、有智慧、有高度、有个性的老师，这样的后生，不成大器都难。

## 二

常有书记、校长叹："有想法的老师越来越少了！"一语道出了校情。的确，教育信息化以来，电脑是越来越"精明"了，人则越来越懒惰了。剪裁、复制、粘贴，仿佛成了公式、定律，思维的僵化"应时而生"，领导们那些感叹也就在情理之中了。

厚炜是位勤于思考的老师，无论是在长村乡中学，还是栗源镇中学，抑或是关溪乡学校，他都能够一个猛子扎下去，探究教育这潭水的深浅，悟出其中的道道来。

好的习惯成就人的一生。厚炜养成了思维的习惯，无论大事，还是小情，他都穷究到底，深挖透掘，自成一体，将"教育现代化对教师素质的要求"内化于心，几经论证，几度探讨，终于蹚出一条"教师良好心理素质的培养与提高"的有效途径。还是普通教师那会，他就不止一回地提出：必须"创新教育管理方法"。当班主任的，关注的是学生德智体美劳全面发展。每到冬季运动会，他比裁判员还要忙，静下来的时候，又沉进了班级体育的现状、存在的问题及对策里。他是一位善于动脑筋的人，分内的钻研，分外的也不放过，对"学校体育教育的内涵"作了深层次的思考，提出了独到的见解。

在中小学，教师们往往都是全才，一专多能，这是每个老师都应具备的素质，至于他写什么像什么，专什么精通什么，当然是智慧使然。据说，打参加工作以来，不论是大会，还是小会，也不论是口头，还是书面，他的建言献策都在千条以上，其参与意识之强，观一斑而见全豹。

### 三

一个教师，想学校之所想，急学校之所急，大有作为是情理之中的事情。从这个角度说来，所呈现出来的是大德，也就是拥有了全校一盘棋的意识，具备了领导层面的素质。关于这一点，他的文论就是最好的佐证。

好多教师都记得，那次的校长讲坛，厚炜语惊四座，掌声、欢呼声、尖叫声不绝于耳。足足三个小时，他都专注在"当代青年德育现状杂谈"里。他的观点特别明确，率先提出了"学校德育——三管齐下"的设想，并结合学校德育工作的实际，创造性地经营出学校"德育六种机制的构建"；他条分缕析，多角度多层面阐述个人的认知度。他将"中学语文教学中的传统美德"剖析得淋漓尽致，与会的听众无不欢欣鼓舞。

"德育工作迫在眉睫"，更何况"班级德育工作——四要"，也都有他的躬身力行。在他的影响下，也厚重了我的德育理念，升华了我的德育情愫。

## 四

厚炜不止一回提出：学生是教师生命的延续！他致力于学生能力的提升。记忆最深的是那节示范课——"作文写真"。我还是第一回听说，写作文宛如填空。他把它分成五个空，开头和结尾各一个空，要求开篇点题，短小精悍，百字以内；结尾呢，短小精悍是最起码的要求，还要收束有力，留有余味，也就是人们常念叨的虎头蛇尾，当然用铜头铁尾豆腐腰也蛮贴切，只是浅了些意蕴。

中间写三件事，其中一件详写，两件略写，反之也行，三个空近五百字，用两到三种修辞手法，一两种表现手法。末了，又补一句，方法的运用，常换常新，不拘一格。如把作文写作融进数学的定理、定义，甚至于公理里，够另类了罢，但他还不愿止步，他还要寻个知其所以然来。

我见过厚炜班上的学生作文，《两节如诗景如画》把《宜章百景》的燕子岩诗情画意起来了，连笔者都自愧不如。据说，今年十月的创星小作家征文比赛中，他有两位得意弟子获得了银奖，在县域的小学生里，也是唯一的两个，彰显出他作文教学的功力。

好多学生问厚炜作文怎么开头？他从不引经据典，而是直接把他们带进生活。比方说进门，性急的，破门而入；懒惰的，老远便呼唤屋里面的人开门。从性格看出其表现，够生活化了吧！至于左脚先进，还是右脚先进才走好运，他嘿嘿一笑，"随缘！"稍停，又补一句"随意！"学生们当然明白那潜台词：自然就好！够飚了吧！

一生志业乡村教育　　007

那天的文学社团活动，他做大了"考场作文应注重四美"这篇文章，立意美、语言美、文面美、头尾美，如潺潺细流，娓娓道来，令人眼界大开。我最推崇的当数"抢救考场离题作文的两大绝招"，因其适用性强而屡试屡爽，广为流传。我好写散文诗，每每与厚炜促膝到夜深人静，我们交流最多的是"文章笔法之写意"，公说公有理，婆说理不亏。见仁见智。我们也曾探讨"同题异作中的奥秘"，也曾深研"作文中的想象"，殊途同归的是"多读自知，多写自好"，如出一辙，居然达到了不约而同的境界。这里的仁也好，智也罢，光芒四射的都是心灵之美。

## 五

你很难想象，一个乡村教师是怎样耐住寂寞而有所作为的。我想起了点煤油灯的日子，一块钢板，一叠蜡纸，磨秃了笔尖，拔节了心智，一侃到那些细节，我和厚炜都特别兴奋，恰似喝了二两老白干，手舞之，足蹈之，狂如"范进中举"，其癫狂之态只可意会，不可言传。

一切都是从"走进散文的意象"生发开的。乡村的夏夜，多的是蚊子，嗡嗡嗡，不亚于战斗机，而厚炜去摇着一柄老蒲扇，扇出了"教学生放手作文"。教学生放手作文不难，难的是"培养初中生良好的语文学习习惯"。他的方法涵盖听说读写的方方面面，令人拍案叫绝。

专题讲座是厚炜的最爱，刚演绎"作文教学的延伸性和辐射性"，没过两周，"激发学生的阅读热情，提高阅读的幸福指数"又登上了大雅之堂，原以为我是快手，哪曾想，他才是快手中的快手。那日，我们一起去黄沙三中听课，主讲老师还没走下讲台,他的"浅谈儿童诗歌教学中的情境教学"便一气呵成了,用的,都是当堂课的实例,比我这位写了几十年儿童诗歌的歌手来得更快,想不折服都找不到理由,激出我再拼一回的冲动来。至于有没有再拼一回,我不说,就他那性格,你也猜得出结果,在"动作细节描写"的擂台上,我们不分伯仲。

那个仲夏,他约我《品味〈孔乙己〉中的"笑"》,说可笑之人,必有可恨之处。知道的,他是"烹饪"高手,盘盘碟碟都色香味俱全。中语工作室的同仁齐扎扎地聚集在他所在的学校,跟着他探讨农村语文教学中培养学生的口语交际能力,从一个根据地转到另一个根据地,又何止是"浅谈语文阅读教学中的朗读训练",每一个立论,都像天上的星星,萤出智慧的光芒来。

## 六

确实有些醉了,才从"上田人家"出来,酒气都没有挥发殆尽,又碰到了《老人与男孩》,老人求我《搭把手》,坡太陡,且上了年纪,能帮一把是一把。

恰在这时,厚炜打来电话,说驴友们等得不耐烦了。我拍了拍脑门,当真忘了先前的约定,去骑田岭采风,爬矮一尖峰是多年的夙愿,起了好几回意,都未能成行。厚炜去了好几回,喜欢吃独食的他,故意逗我:

流云飞泄九霄空,
涛起涛平入画中。
驴友蹁蹁拂浪舞,
崖松摇曳揽娇容。

**智慧……**
**……之光**

　　馋得我久久不能落觉，恨得牙龈痒痒的，如同年轻那会，与情敌争女朋友，张牙舞爪决斗哩，幸亏"老人与男孩"一个劲地劝阻，道理讲了几米箩，再屎不通尿不通确实不好意思了。厚炜终于厚道了一回，让我在"水坝石""石狮""飞来石"嗨了三天三夜，惹得"宜章好人"慕名而来，定格成一卷《宜章风物赋》。

　　刚撕破天幕，扯出鱼肚白来，切切嘈嘈的读书声又破空而来，还是"古韵今声"好哟，每一个音符都是天籁之音，都是千古绝唱，我又捧出了厚炜的"备忘录"，摄取几个原生态的画面，线装一卷画册，让杏坛园丁的追求更上一层楼……

　　刚要搁笔，又传来好消息，说厚炜的《义教均衡大观》获大奖了。我一点也不陶醉，原本意料之中的事。因为厚炜明白，每一个台阶，每一个荣誉，获取者，都是耐得住寂寞的人，都是经年累月做准备的人。是为序。

2023 年 10 月 2 日掷笔于笑佛斋

# 目录
CONTENTS

## 第一章 立言篇

教育现代化对教师素质的要求 / 002
教师修养与学生的创新品格 / 005
教师良好心理素质的培养与提高 / 008
创新教育管理方法 / 012
学校体育教育的内涵 / 016
教师地位的转变 / 020
全面提升教师的职业道德 / 024
提高教师综合素质之我见 / 027

## 第二章 立德篇

中学德育三管齐下 / 032
漫谈中学的德育工作 / 035

发展学生个性，培养创新人才 / 038
中学语文教学中的传统美德 / 043
德育工作六种机制的建构 / 046
德育工作迫在眉睫 / 050
实施心理教育，提高德育实效 / 054
班级德育工作"四要" / 058
教书育人"德"为先 / 061

## 第三章　立能篇

作文应注重"四美" / 066
抢救考场"离题"作文的两大绝招 / 068
作文中的想象 / 072
同题异作中的奥秘 / 078
多看自知，多作自好 / 082
文章笔法之"写意" / 085

## 第四章　立论篇

一份课堂评价量化表引起的思考 / 090
走进散文说意象 / 093
培养初中学生良好的语文学习习惯 / 100
作文教学的延伸性和辐射性 / 104

教学生放手作文 / 109

品味《孔乙己》中的"笑" / 113

议论文的"三论" / 116

动作细节的描写 / 122

加强说理性，写好议论文 / 126

培养学生口语交际能力的策略探讨 / 129

激发阅读热情、提高幸福指数 / 134

微课在语文教学中的运用分析 / 141

儿童诗歌的情境教学 / 145

小学语文的朗读训练 / 148

## 第五章　立文篇

老人与男孩 / 160

上田人家 / 165

搭把手 / 172

一尖峰 / 174

水坝石 / 179

石　狮 / 181

飞来石 / 183

古韵今声 / 185

宜章好人（组诗） / 187

备忘录 / 197

## 第六章　综合篇

"双减"视域下课后服务的难点与进路　/　204
信息技术与语文教学的结合　/　209
品"味"让小学语文更有滋味　/　213
口语交际，重在"说"
　　　——让口语交际成为一种乐趣　/　218
巧设情境　多边互动
　　　——提升交际能力　/　222
从《一棵大树》说开去　/　223
提高农村中学生作文水平的几点建议　/　225
劳动教育与语文教学融合的实践
　　　——以长村乡学校小学教学点为例　/　230
加强安全督导　/　234
书写能力培养的实践与研究　/　237

**后记　写自己的书，感自己的恩　/　241**

# 第一章

# 立言篇

智慧之光

子夜煎熬奔振兴,
搜肠刮肚总欢卿。
星星磨破张良计,
万紫千红别样情。

# 教育现代化对教师素质的要求

教育现代化，在信息时代，一般人认为，是运用多媒体进行教育教学，这思维有道理，但笔者认为有些狭隘。教育现代化，首先是思想现代化，要有超前的意识，无论是教育手段，还是教育方法，固守成规是无法达到这一目的的，本人结合教育教学的实践，想从以下四个方面阐述。

**一、教师的教育教学思想需首先实现现代化**

信息社会，新型人才的培养以及教育教学手段的现代化，亟待教育教学思想的变革。摒弃以"教师为中心"的教学模式的不足，集两种教学模式优点于一体的多种教学模式应运而生，这些新的教学模式大多以"双主"为核心，且各具优点。教师应设法实现多媒体与网络辅助教学手段与各种模式的整合，并在长期教育教学实践中突破各种固定的框框，使之融会贯通，灵活运用并不断创新。同时，教师还应积极参与继续教育，转变观念，更新知识，及时了解教改新动态，勇于参与教科研实践，互帮互学，与时俱进，不断深化自身教育教学思想的改变——实现现代化，以适应教育现代化的要求。

**二、进行教育现代化实践应具备的能力与素养**

（一）学会电脑操作，制作课件以及现代媒体与网络技术的应用。善于查找、收集和积累有效信息，精心备课，应用适当方式方法、模式与媒体，上好每一节课。

（二）建立新型师生关系。走进学生生活，与学生交朋友，长期倾情培养学生与自己的契合，营造学生为主体、教师为主导的课堂环境，使学导和谐发展。

（三）在课堂教学中，根据教材特点，联系学生实际，精心设计、形式多样、由浅入深地运用多媒体创设情景。启发诱导，巧妙设问，适时点拨，吸引学生的注意力，激发求知欲，使学生主动阅读自学，观察思考，辨别判断，归纳认知，从而营造生动活泼、兴趣盎然的学习氛围，使兴趣与探究良性互助，教学活动进入自由王国。

（四）利用文字处理、图像处理和信息集成的数字化工具与所教学科知识进行重组、创作，使其技术与学科进行组合。不仅向学生传授知识，让学生获得知识，而且能够使学生能动地进行知识的重构与创造，培养具有创新思维能力的创造性人才。

### 三、正确处理教育现代化两个方面的相互关系

教育现代化包括教育教学手段和教育思想现代化两个方面，其相互关系是物质与意识的关系，两者互相依存、互相渗透、互相促进、密不可分。教育教学手段以现代化为基础，当多媒体教学设施完善，教师采用现代化教育教学手段上课时，其教育教学思想必须得到进一步深化和提高；教育教学思想现代化是关键，一个教师教育教学思想如果达不到现代化境界，那么，在条件许可的教学过程中，必须刻意寻求教育教学手段现代化，以便取得形象、直观、艺术性的教学效果，提高教育教学质量。但是如果把两者分割开来，只注重其中一个方面，其教学过程就不能成为真正意义上的现代化。比如，有些教师只注重采用先进的教育教

学手段，不求教育教学思想的提高，仍然采用传统的教学模式，仅仅把习题教材搬上屏幕，教师仍是讲解的中心，学生仍是被动的接受者，满堂灌、填鸭式仍然盛行，先进的教学设备、教学手段只能是好看不中用的花架子；相反，教师教育教学思想现代化了，若教学设备不完善，或者不会操作现代化的教学设备，那么他就无法利用多媒体和网络技术，使其手段现代化，因此正确处理教育现代化两个方面的关系，对教育现代化的健康发展至关重要。

**四、注重多媒体网络教学与传统教育的整合**

由于多媒体与网络辅助教学能把文字、图形、图像、动画和声音等多种信息媒体集合在一起，并使信息传输网络化，教师在教育教学中对信息的控制就会左右逢源，得心应手。如果信息的采集、编撰、存储、加工、展示和输出灵活多变，其科学性、简捷性、直观性和艺术性效果，就会使传统教育望尘莫及。但多媒体课件在给学生提供实验操作、读写训练、解题实践以及师生之间的情感交流等一些必要的东西时，这种多媒体教育教学贬低排斥传统教学的现象，对学生道德情操的陶冶和能力与技能的培养将产生负面影响，所以多媒体辅助教育教学与传统教育教学不是谁取代谁，而是取长补短，相辅相成。因此，在新的教学模式及现代化的教学手段下，每位教师在投身多媒体课件开发和应用、改变传统的教学模式的同时，要努力寻求它和传统教育教学的合点，真正发挥其现代性特点，这样才能起到事半功倍的效果。

# 教师修养与学生的创新品格

新时期、新世纪,创新愈来愈成为国家民族能否保持可持续发展,能否屹立于世界的最伟大、最基础的品质。创新教育是关系到民族存亡的大事,是教育的起始目的,也是教育的最终目标。教师是教育的具体执行者,肩负着国家的历史重任。因此,学生创新品格的形成,教师起着极为关键的作用。

**一、教师崇高的修养,能鼓励学生创新**

人民教师,是人类灵魂的建构者。教师崇高的思想品质和个人修养,对学生产生着无穷的教育力量。教师崇高的修养表现为教师对教育事业执着的追求,对学生深沉的爱,这种爱会使学生之间形成一种民主与平等的关系,即教师尊重学生,学生热爱老师。在轻松愉快的师生关系中,学生更具有独立与自由、冲动和幻想,因而也更多地获得了解决问题的机会,更易于在积累知识体验生命的过程中,发现问题、解决问题,形成创造性的人格。修养高的教师能够包容学生有利的冲动和独立、自由和幻想,并引导这些冲动和独立,促使学生去实践、去创新。教师的右手握着真理,左手握着无与伦比的、永远活泼的追求真理的动力,修养高的教师会把左手伸给学生,让学生在淘气、独立、自由、冲动中养成创造性的人格。

## 二、教师渊博的知识，能引导学生创新

教师拥有了渊博的知识，就能高屋建瓴地引导学生创新。知识本身就具有无穷的教育和创新力量，它吸引着学生自觉地学习、发现、创造。教师本身的知识渊博，能激发学生的学习欲望和创新欲望，并引导着学生去创新。一位科学家给学生讲课时，他画了一个大圈，又画了一个小圈，然后指着圈线和圈外的部分对学生说："相对于接触的外部的未知世界，我比你们有更多的无知。"这位科学家形象地揭示了一个道理：学问越大的人，研究的课题越丰富，创造的动力越强烈。如果教师的知识渊博，也就能够教给学生许多未知的科学知识，不用教师再去鼓励，这些知识本身就能激发学生强烈的求知欲和创新的欲望，调动学生学习知识的积极性和主动性，引导着他们去进行创新。

## 三、教师严谨的治学态度，能教会学生创新

创造性的活动中思维的问题是没有答案的，解决这些问题是顽强的、精细的、孜孜不倦的劳动，这种劳动要求人的全部体力与智力高度紧张。创新活动是人的许多心理活动在最高水平上进行的活动。教师严谨的治学态度会培养学生形成迷恋而且目的指向性超强的创新思维品质。

教师严谨的治学态度，会为学生创新打下坚实的知识基础。创新的基础是对事物的精确掌握，创新是学生在原理基础上的发散、排列、组合而形成的新的东西。因而，教师严谨的治学态度又是指导、帮助学生学习创新的基础。

教师对于工作或工作以外的某一问题的迷恋，会潜移默化地影响着学生、教育着学生，培养学生解决问题的自制力和恒心。心理学认为，迷恋和目的指向性是创造思维的重要组成部分。所以，教师严谨的治学态度会教给学生严谨以治学、执着而创新，

教师应该让自己的治学态度更严谨。

**四、教师良好的个性，会启发学生创新**

人的个性倾向包括性格、气质、能力等方面，教师的个性也影响着创新素质的形成。教师良好的个性品质会在很多方面启发学生创新。性格豁达、热情活泼的教师，会以自己的个性感染着学生，使之形成乐观、向上的性格，使其乐于创新。气质活泼、好动、敏感、外向的教师，会热情地融入学生的创新活动中，与学生一起完成创新，一起享受创新乐趣，在实践中完成对学生创新品质的塑造。能力强的教师，会以自己的自信影响着学生，无惧于困难，勇于实践活动，在实践中让学生充满自信，勇于创新，形成自己的优秀的创新人格。

心理学认为，创造性的思维具有流畅性、变通性、独创性。教师的个性常常在很大程度上影响着学生创新思维中的这些特征。所以，教师的个性品质，启动着学生的创新活动，同时也帮助着学生创新人格的形成，所以教师应该培养自己良好的个性行为。

# 教师良好心理素质的培养与提高

人民教师，肩负着党和人民的期望，肩负着二十一世纪高级人才培养的重任，肩负着承上启下、继往开来的重任。但由于社会阅历、教学意识、教学经验的不同，教师在情感、意志等方面也存在着很大的差别，不良的心理素质也是有所存在的。例如，有的教师不够自信，容易自我否定，有的教师遇到了一点点挫折就怨声载道，等等。可见，教师加强自身的心理素质的培养是十分必要的。

什么是教师的心理素质呢？它是指教师在职业活动中所表现出来的固定的稳定的心理特征，如情感、意志、性格等。它不仅是教师活动的需要，也是教育对象的客观要求，更是教师自身发展必要的内容，是教师个性综合发展的润滑剂。

那么，教师应该如何加强心理素质的培养和提高呢？

**一、要有高尚的情感**

高尚的情感是推动教师积极性的动力，对学生起着直接的感染作用，并在很大程度上影响着教育教学过程。其核心是爱学生。爱学生首先要了解学生，俗话说："知之深，爱之切。"对学生的深入了解，不光只是在课堂上，更应重视平时的观察，观察他们的一言一行，观察他们的一举一动。事实上，只要你细心观察，你会发现每个学生都有"闪光点"，只要适当地引导，每个学生都会被你所喜欢，从而改变你的看法，如有的学生上课时捣乱，下课不写作业，甚至与你顶嘴，表面上看不是好学生，可你耐心观察，他们各有优点，而他们不守纪律的目的，就是要你对他们引起足够的重视。其次要关心学生，这要从学生的学习、生活中的点滴开始。如学生在每一个字、每一句话、每一个动作等出现问题时，我们给他一个改正的机会，一个肯定、一次指导，就会使他备受感动，就会促使他们进步成长，逐渐地，他们就会佩服你，服从你的教诲。再次，要尊重学生，信任学生，并严格要求学生。苏联教育家马卡连柯曾说过："要尽量多地要求一个人，也要尽量多地尊重一个人。"教育要切实做到四不准，即不准使用挖苦、谩骂、揭短、刺激性语言，更不能根据自己的好恶去裁决学生，同时，对学生还要提出明确的要求，每一个阶段的奋斗目标，并促使他们认真执行。

要培养学生高尚的情感，教师还必须不断地提高自身的道德修养，具有高尚的思想境界。其实，这个问题很容易解决，那就是，学生是你的孩子，但做起来很难，难就难在这个孩子其实又不是你的孩子，他是学生。孔子云："其身正，不令而行，其身不正，虽令不从。"只有具备了良好的修养，才能更有力地说服教育学生。

**二、培养坚强的意志**

一位教师应具备的意志品质：1. 明确的目的性。这种品质表现在教师能充分认识到自己所肩负的任务，认识到社会对自己的期望。2. 一贯地坚持性。这种品质表现在工作上的持之以恒，坚持原则，对学生要求明确、合理，并做到善始善终。3. 问题处理的果断性。它是指教师要善于保持清醒的头脑，遇到问题果断作出决策。同时，还指发现自己的决定错误时，能够立即停止或改变自己的错误决定。4. 要沉着、有耐心。这种意志品质表现在善于支配自我和节制自我。教师要善于控制自身的情绪、行为，能够约束自己的动作、语言，抑制无益的激情和冲动。反之，会使教师失去威信。

教师应从以下几个方面进行意志品质的培养。

（一）努力学习，掌握丰富的知识与技能。作为一名教师除了学习掌握与本专业相关的知识外，还要认真学习教育理论、懂得教育规律、掌握教育技巧；与此同时，还应熟练掌握专业技能。例如，作为一名数学专业的教师，要会运算，还要懂微机、算术电算化操作等，只有这样，才能紧跟时代要求，培养合格的毕业生，从而表现出坚强的意志品质。

（二）在实践中有意识地自我锻炼。意志是在克服困难中表现，并在克服困难中求发展的。一个教师要自觉地、经常地在各项工作中进行意志努力，同时还要善于总结。当你授完一节课，当你组织完一次活动，当你工作一天躺在床上的时候，你要从一个字、一个环节、一句话、一个动作出发，总结自己的不足，总结自己的认识，总结自己的好经验，并针对实际情况调节自己的行为，久而久之，就会形成顽强的意志品质。

（三）做到谨独。所谓"谨独"，就是在无人监督的情况下，自觉做好每一件事情，决不能做违纪的事情。要求教师从我做起，从现在做起，从小事做起，从点点滴滴做起，持之以恒，坚持不懈。

### 三、培养较强的认知能力

认知能力包括观察力、注意力、思维力等。

（一）观察力主要是在实践中不断总结经验的基础上形成的。

教师提高观察力的途径，就是广泛深入了解学生，其效果就是了解学生的心理动态，知道他们想说什么、想干什么，或者学生没说就知道他想说什么，没干的情况前你就知道他们想干什么，这样，才能防患于未然，把矛盾问题控制在最低限度。

（二）教师需要有较强的注意分配能力。在课堂上，教师除了授课外，还要随时把握学生听课情况，注意到每个学生在看什么、听什么、做什么，并及时用个眼神、一个动作去提醒那个"走神"的学生，用自己的注意力有效地维护课堂纪律。一位年轻教师听了老教师的课，向他请教："为什么你上课时课堂秩序这么好，而我却不行呢?"这就充分说明这位年轻教师在注意分配上、教学要求上有待于进一步提高。

（三）教师要培养自己的思维创造能力。这一点体现在工作中主要是指创造性地教学和创造性地管理，它包括板书设计、语言运用等艺术。板书设计可以是分支型、线路型、金字塔型等，语言可以是幽默型、模仿型等。教师的这些创造，有利于学生愉快地学习，有效地抓住学习内容，也有利于提高学生的创造力。

教师的心理素质是其品德、智能和教育能力发展的契机，是教师全面发展的催化剂。因此，每一位教师都应加强自身心理素质的培养、锻炼和提高，使自己具有良好的职业修养，切实做到教书育人。

# 创新教育管理方法

众所周知，人类在发展，社会在进步，教育也发生着日新月异的变化，作为教育管理者如何适应变化了的形势，这是一个值得重视的教研课题。笔者认为，学校在教育教学发展的各个环节中也应有自己的创新之路。这里，笔者根据自己多年的教育管理经验与实践，想从教育管理的角度谈谈"依法治校"与"以德治校"。

依法治校与以德治校是至关重要的治校方略，是依法治国与以德治国方略在素质教育方面的分解体和派生体，是实施素质教育过程中必备的教育治理程式，是新形势、新要求对教育管理部门提出的迫在眉睫、不可回避、必须完成的新任务，是对应试教育体制下所出现弊端的根除。既然如此，怎样才能做好法治、德治的教育管理工作呢？以笔者之见应把握以下主要环节。

一、用依法治教和以德治教有机结合的理论来指导教育管理者的理论建设

（一）分析具体情况，确定主攻目标。法治与德治在教育管理中，虽然在原则上要同等对待，但它具有相对性和针对性，我们应该因地制宜，随机应变。

由形式和内容，现象与本质的关系来看，依法治教与以德治教好比是"截流"与"断源"的关系，在截流的同时必须断源。

因为源不断,流难截。源与流本身就为一个循环体。但有时强硬截流是必须的。在"截"中使"流"分散,在分散中使细流得到蒸发或渗透,依靠空气和土壤的过渡作用,使其得到净化。比如刹歪风邪气,在"刹"中使不正当、不文明势力遇"刹"而散,在散中使之接受教育和陶冶,从而经过群体改造和自我改造,达到认识和提高的目的。在学校管理中,使党、政、工、团齐抓共管,各负其责;在行政管理中使学校、家庭、社会针对教育齐抓共管,各司其职,各负其责,围绕主攻目标,在落实上要效果,在协作中要成绩。我们不仅要加大治校的投入,而且要勇于把握机遇,善于迎接挑战,树立不破不立、在破中立、在立中求发展的思想,分析具体情况,确定主攻目标。针对主攻目标,采用立体式作战方式,以取得好的战绩。

(二)加强理论学习,提高管理者素质。我们在认真学习和研究的基础上,针对教育治理存在的突出问题,要有切实可行的实施办法,围绕标本兼治进行大刀阔斧的整顿与改革。为此,搞好依法治教与以德治教的前提和关键是提高管理者的整体素质,提高干部队伍和教师队伍的整体素质。我们应该依靠精神和物质的双方面作用,在"动""活"和竞争上岗中做好工作。

(三)围绕教育发展,更新管理理念。素质教育较应试教育是一个高层次的教育,是以人为本的教育。这个教育的内涵是:注重学生个性培养和特长发展;注重创新意识和实践能力的提高。这些基本性的要求和创新性的规划及参与能力的需求,是对应试教育短期效应和弊端的克服;是时代发展的必然要求;是教育者在育人中,使德、智、体、美、劳等方面得到全面发展的客观要求;是对人才要求标准的提高。这就对教师和学生,教育教学管理人员及人才选拔录用提出了新的要求。这个新的要求在一定程度上就体现在依法治教与以德治教方面。我们的领导干部、管理人员和广大教育工作者都应先形成这个从教观念，做好管理模式的转变工作。因为，这个观念不形成，汤和药不一起换，管理工作就会流于形式走过场！

（四）依托法治与德治，搞好教改。教育的法治与德治是与素质教育相对应的、相吻合的管理模式，而素质教育的主阵地在课堂，主渠道是教育教学，主方案是教材。所以，法治与德治的主阵地也就是课堂与校园，主渠道也应是教育性过程与管理，主方案也应是教材和管理方法的创新。这个观念不形成，就会使依法治教与以德治教流于形式。

## 二、围绕法治与德治，在管理过程中要质量

落实是关键，质量是根本。把教育的法治与德治渗透在目标性和过程性管理方案中，并形成管理细则，是做好管理工作的第一步。接下来的任务就是落实！不落实就等于纸上谈兵。现实中确有一些部门与行业，置法于不顾或钻法律的空子，置"德"于高阁或在德上搞游戏，随意变通标尺，随意放松水准，给法治校园抹了黑，给德治校园引进污染品，使截流治标的过程走了过场，使断流的措施成了天方夜谭。这种行为要不得！我们得想方设法做好教育的法治德治工作。

（一）双管齐下，抓管理，促发展。教育教学目标管理本身就是育人管理，而育人工作主要依托于育人者——教师身上。因此，如何激发全体教师工作的积极性、创造性，如何录用评聘优秀教师，如何大力培养选拔一批骨干力量参与教育管理，如何保证学校管理者的措施能贯彻实施，如何让学校师生、各部门形成一股合力，团结协作，紧张有序，开拓进取，大幅度提高教学质量，就成了学校管理者的最大课题。因为这些问题关系到一个学

校的生存与发展，而依法治教和以德治教将使这些问题迎刃而解，发挥了无可比拟的作用。

（二）在师生之间建起新的桥梁。依法治教的可操作性虽然较强，但还要在动态中、联系中从严操作；虽然这样有绝对的一面、机械的一面，但也要在互相联系中进行。如果我们把依法治教只放在温室里，把治理的成绩只放在桌面上，那还不如编好程序上计算机操作。

以德治教虽然也需要相对的硬件设施，但其软着陆工作量、工作难度更大，需要做的工作才更有意义与价值。因为在变化的前前后后，都是以质量互变规律所决定的，没有一定的量变性工作（即没有投入过程）就不可能有必然性的结果。所以，热情、毅力、恒心就成了以德治教的必需品和急需品。

# 学校体育教育的内涵

学校体育是学校教育工作的重要组成部分之一,它与德育、智育和美育密切结合,肩负着为社会培养德、智、体、美、劳全面发展人才的历史使命。毛泽东同志于1917年曾在《体育之研究》中说道:"体育一道,配德育与智育,而德智皆寄于体,无体是无德智也。"我们学校体育历来倡导"健康第一"、身心全面发展的思想,通过分析体育与德育、智育、美育、劳育的关系,将会提高我们对体育功能的认识。

**一、学校体育体现德育为首、重情感的教育思想**

通过有组织有计划地开展体育课堂教学和课外体育活动,可以对学生渗透爱国主义、集体主义和社会主义教育,培养学生热爱集体、服从组织、遵守纪律、团结协作、勇敢顽强、不怕困难的精神品质,促进广大学生良好思想品质和道德修养的形成。

(一)针对教材特点,寓思想教育于体育活动之中。认真研究《体育与健康》教学大纲,分析每课教学内容,充分开发体育项目精神情感目标。体育实践课是寓思想品德教育于身体活动之中的,有利于把培养学生的道德意识与道德行为有机结合,并要求学生在活动过程中立即付诸实践,使学生的行为表现直接受到实践检验,有利于教师有针对性地向学生进行思想品德教育,培养良好的社会行为。例如，体育课中的山羊分腿腾越项目就可以培养学生勇敢顽强，勇于克服困难，遵守课堂纪律等为精神情感目标；在篮球、排球、足球、接力跑、游戏等项目教学中，学生的机智、灵活、勇敢顽强精神品质得到了锻炼，培养了学生团结协作的精神和集体荣誉感；在进行中长跑教学时，向学生介绍"东方神鹿"王军霞刻苦训练，以优异的成绩使五星红旗在世界田径场上冉冉升起，为祖国争得荣誉的事迹，激励学生发扬不怕困难、顽强拼搏的精神，树立爱国主义情感。

（二）组织学生课外体育活动，培养学生优良品质。丰富多彩的体育活动不仅可以锻炼身体，增强体质，而且可以陶冶学生情操，通过开展足球、羽毛球、乒乓球、篮球等体育项目，培养学生团结协作、顽强拼搏的精神。

## 二、体育教育是学生智力发展的生理基础和"催化剂"

体育锻炼活动为智力开发提供了良好的物质基础，是一种增强智力的有效手段。坚持正常的体育锻炼，能保证大脑能量物质与氧气的充分供应，促进大脑细胞发育，有利于提高皮层细胞活动的强度、均衡性、灵活性及分析综合能力，为智力发展创造良好的生理条件。研究表明，从小进行系统训练的青少年，不仅反映在速度、灵敏度上，还表现在智力指数上，都优于一般青少年。通过体育活动，还可以培养学生敏锐的感知能力、全面的观察能力、良好的记忆能力、灵活的思维能力和丰富的想象力等，同时能使学生头脑清楚，精力充沛，学习效果提高。可见，学校体育对智力发展具有重要作用。

课堂教学和课外活动是促进德育的良好途径。教育学生认真上好每节课，积极参加早操、课间操、课外体育锻炼等各种体育活动，促进学生大脑组织健康发育，学生形象思维（动作思维）

能力得到开发，左右大脑协调发展，促进智力增长，使学生养成劳逸结合的学习方式。

教师认真研究每节课的教学内容。根据项目特点开发学生智力因素。例如，在拔河比赛中如何根据对手的情况进行体力分配，做好战术安排；各种球类比赛中如何利用规则、队员水平做技、战术准备、变换等；在投掷项目中可以让学生通过分析出手角度大小、远度与力臂、加速度等因素的关系，进一步提高学生掌握动作的深度，激发学生智力因素在体育中的应用（初中生可简单分析，高中生可稍深入分析动作原理）。教师还可以传授一些基本的体操动作，让学生自创一套广播体操或徒手操，培养学生的创造力与想象力，促进智力发展。总之，只要教师认真准备每次课，总会寻找到培养学生智力的出发点。

**三、学校体育具有重要的美育功能**

学校体育是对学生实施美育的重要途径。通过体育活动，可以使学生各部分的骨骼和肌肉都得到均衡协调的发展，培养学生的形体美、动作美、姿态美、仪表美、心灵美，提高学生感受美、鉴赏美、表现美、创造美的能力，充分发挥美的形式对学生身心健康的重要作用，能够获得以体育促美育的效果。

（一）教学过程中进行美育教育。通过练习队形、体操等内容来训练学生正确的站、立、行姿势，提高或降低动作难度，使每个学生都有成功的机会，都能体验到体育的快乐，得到美的享受，得到表现美的机会，陶冶学生良好的情操，促进学生身心健康发展。体育课上老师标准、优美的体操动作，舒展、准确的传球、投篮动作都会使学生得到美的享受，都会有跃跃欲试的感觉，积极练习，既锻炼了身体又陶冶了美的情操。

（二）欣赏体育陶冶情操。教师向学生介绍体育基础知识、体育明星的基本情况，讲解比赛规则、技术、战术配合等内容，使学生知道如何观看体育比赛，欣赏体育动作。学校教师经常利用不能上室外课的雨雪、大风天气带领学生到多媒体教室欣赏篮球、跳水、乒乓球、游泳、足球等比赛的精彩片段，从中获得美的享受，逐步培养学生欣赏美、鉴别美的能力。

总之，学校体育与德育、智育和美育等紧密结合，相互促进，相辅相成，对促进学生全面发展具有重要的作用，是学校实施素质教育的又一重要阵地。

智慧……
……之光

# 教师地位的转变

当下的新课程改革实验,进行好些年了,我置身其中,有一个比较深的体会,那就是教师地位的转变。过去,在课堂教学中,提倡以教师为主导,学生为主体的教学方式。这里自然把教师作为教学的主角,这种关系剥夺了学生的自主性,使教学的过程变得很艰难。在课改实验中,大家转变了教师角色:由教学的主角转向"平等中的首席",从传统知识的传授者转向现代学生发展的促进者。所以,本人认为在现在的课堂教学中,应该提倡以教师为引导,学生为主体的教学方式,教师是参与者、服务者、学生群众中的一员。当然,课堂上有一定的教学任务,这时,教师的"首席"地位,"引导"作用尤为重要。

无独有偶,近段时间的推门听课,听的都是地理,那就以地理教学为例,谈谈个人的认知。

一、创建丰富的教学情境是教师引导作用的体现

创建丰富的教学情境,激发学生的学习动机,培养学生兴趣,充分调动学生的积极性,是教师引导作用的体现,是教师成为学生促进者的实施要点之一。须知,当学生有兴趣时,他们学得更好;当学生的身心处于最佳状态时他们学得更好。如在讲到《美国》时,提到发现美洲大陆的人——哥伦布,播放《哥伦布

传》插曲,在这样的背景下,熟悉的旋律、优美的画面会感染学生,他们都不由自主随着音乐唱了起来。这种氛围调动了学生的积极性,又养成了审美情趣。

二、教材的重难点和教学的重难点是教师引导作用的体现

实验教材中,虽然章节的课时安排和本地区的学情有时不符,但在教学的过程中,仍然有重点、难点,学生在学习过程中,也会出现难点。这时,就需要教师的适时引导。如讲到《地球公转》一节的地球公转特点时,地球有倾斜角度,且方向保持不变,这是本节课的难点,也是学生掌握知识的难点。如果教师不适当引导,学生很难观察出来。在第一个班讲课,老师让学生用地球仪演示地球公转时,如果没有引导学生观察地轴的特点,就会使他们无从下手,且印象不深,为后面的学习增添了麻烦。而在第二个班级讲课时,老师引导学生观察地轴的特点,学生就会很快得出结论,而且印象很深刻。

三、教材的空白点——教师的创造点,是教师引导作用的体现

实验教材存在很多可供教师发挥的空间,这其实就是教师的创造点,这个创造点就需要教师抓住机会。

补充教材如果及时,又是另一种效果。如讲到东南亚的国家组成时,学生看地图会发现"东帝汶"这三个字用的是黑色字,而不像其他国家为红色字,学生就争论起来,到底是不是一个国家。老师马上表扬了学生认真仔细的态度,又及时补充了一份资料:经过四百年的独立运动,2002年5月20日东帝汶终于迎来了自由与独立,成为一个新世纪最年轻的国家。不仅如此,老师又补充了中国在东帝汶创造了三个"第一":中国成为第一个与东帝汶建交的国家;签署了第一份建交公报;签署了第一份经济

技术合作文件。并且东帝汶独立进程启动以来,中国提供了8000万元人民币无偿援助。东帝汶独立庆典期间,重大活动场合处处见中国维和警察的英姿。中国维和警察素质过硬、纪律严明、工作出色、表现突出,赢得了联合国及东帝汶政府、人民的一致好评。

**四、学生讨论过程中的适时评价是教师引导作用的体现**

课堂教学时间毕竟有限,当学生发表观点时,应该重视学生的体验,但同时如果学生的体验是错误的观点时,教师应体现引导作用。因为学生的辩论,应该是不同意见的提出,这样教师才能了解学生对同一问题的想法。如讲到《地球公转》一节的导入时,通过两小儿辩日的故事和测量太阳每天同一时间射到室内影子的长度不同进行讨论,有的学生提出地面得到的热量的多少是由地球离太阳的远近决定的,遇到这个问题,在一个班级老师没有进行适时引导,仅强调了情感目标而没有注意教学的实效性,结果学生产生了误区,而且总在这个问题上讨论。老师在另一个班级对此问题就加以适时引导,引起学生的有意注意:地面得到热量的多少和地球离太阳的远近作用不大。如果学生总在这个问题上重复,老师应适时引导:是否还有不同意见?马上转移话题,效果很好。

**五、教学方法的多样化、多元化是教师引导作用的体现**

教学方法不管多吸引学生,如果单一或时间过长,学生就会厌烦,所以应注重教学方法的切换。如讲到"亚洲多样的地域文化"时,地域文化是一个较复杂的概念,学生难理解,教师就可以引导学生从不同侧面展示文化层面。例如,比较典型的服饰、建筑、风俗礼仪、艺术、体育等四个方面,如果这四个方面都使用单一的教学方法,学生自然没有新鲜感。因此,老师可以采用不同的方法，如服饰方面所表现出来的文化内涵，通过出示几幅有代表性的图片让学生理解；风俗礼仪方面通过男女生接力的形式展示，并且进一步让一位同学介绍一个民族的风俗，其他同学猜猜是哪个国家；艺术、体育则是通过学生自己的表演及配上文字说明展示风采，等等。这样，通过各种活动让学生参与到每一环节的教学活动中，使学生以生活为背景体验和感悟到应该尊重不同国家的文化和传统，真正在学习过程中形成正确的情感、态度和价值观。

# 全面提升教师的职业道德

教师是"人类灵魂的工程师"。提起教师，人们马上会联系起渊博的知识，金子般的爱心，蜡烛般的牺牲精神。教师要塑造学生的灵魂，首先要提高教师自身的素质。这种素质应是教师的职业道德，其主要表现在以下几个方面。

**一、忠诚于教育事业**

教师能否忠诚于人民教育事业，这是教师的职业道德问题。它既可以表现为一种潜在性的不定型的没有明显标志和形式的情感心理状态，又可表现为自觉思想指导下的理智的行动。因此，教师对人民教育事业的忠诚可表现为三种不同的情况。

第一种情况是教师把自己的职业行为作为谋生的手段。为了个人的生存和发展，但能够遵纪守法，诚实教书，不损人不利己，力求自己的一切活动利于自己的教书工作。这种对教育事业的忠诚是处在以本身利益为出发点的朴素的情感阶段，它具有不稳定和可变性，这种忠诚于人民教育事业的初始性的职业道德行为规范，是最低层次的职业道德。

第二种情况是热爱人民的教育事业。教师为了实现自己的理想自觉地把教育事业放在第一位，在公与私的关系上，先公后私，先人后己，自觉地把教育事业放在首位，并能为了自己的职业道德牺牲个人的利益，力求把自己的本职工作做好。这种热爱人民的教育事业的表现，是教师职业道德的中层阶段。

第三种情况是能献身于教育事业。就是在工作中从不计较个人得失，不计较报酬多少，自觉地为教育事业多做贡献。以党和国家的利益为最高利益，无私忘我，兢兢业业，教育工作需要就是自己的一切。

**二、热爱自己的教育对象**

教师要想准确无误地完成好自己的教学任务，必须调动学生各个方面的积极性，但是调动学生积极性必须以爱为前提。对学生爱应表现为以下几点：

其一是教师对学生的爱表现为尊重学生的人格。不体罚，不打骂学生，对学生能一视同仁，一碗水端平。信任每一个学生，和每一个学生都可以坦诚相待，使各类学生在心理上平衡。这种师生之间的信任，是教师爱学生的最根本的表现，是教师爱学生最低的职业道德要求。

其二就是教师应重视与学生在心理上的沟通和情感上的交流。这样做可以缩小师生心理上的距离，在这方面教师要用自己的思维启迪学生的智慧，从而建立师生和谐愉快的感情，使师生之间没有距离，这样师生之间的关系才能融洽，学生才能毫无保留地向老师说出心里话，教师才能真正了解学生。这是教师爱学生中等的职业道德要求。

其三就是教师应从学生利益出发，全心全意为学生服务，以无私的奉献精神感化学生，把学生吸引到自己周围来，对不同学生采用不同的方法，调动学生学习的积极性，抓住学生的闪光点，采取多表扬少批评的方法。教师应多鼓励学生，使优生不自满，差生不自卑，为培养全面发展的四有人才而忘我工作。这是教师爱学生的最高职业道德要求。

### 三、言传身教为人师表

教师是孩子们心目中最完美的偶像。教师的言谈举止直接影响着学生，是学生心目中的表率。尤其是低年级学生，对教师具有很强的崇拜心理，一般称之为从师性。再加上学生的好奇心，模仿性强，常常喜欢模仿教师的穿着打扮言谈举止。因此教师必须言传身教，为人师表。

教师对自己的教学工作一丝不苟，精益求精，业务要熟练，在工作中不仅能与他人相互协作，还能忠于职守，正确对待个人得失，能为工作牺牲自己的利益。教师要求学生不能做的，教师首先自己要做到。只有教师言行一致，表里如一，身教才能重于言教。严以律己，这是教师言传身教，为人师表的第二点要求。

教师要想较好地完成教育教学的任务，不仅要精通业务，而且在科研方面还要有突破创新的精神。教师还要有为了人民的教育事业而献身的精神。这是教师言传身教，为人师表的最高要求。

总之，教师职业道德，实际上是在教育这个为人类创造领域中获取成功最重要的前提，要想做好教师本职工作，必须提高教师的职业道德。

# 提高教师综合素质之我见

要想提高学生的综合素质，首要任务是全面提升教师的综合素质。老话说得好，有什么样的师父，就会带出什么样的徒弟。为此，在推行素质教育的过程中，学校要注重实施创新教育，培养中学生的创新意识和创新精神，开发其创新能力。为此，要树立创新观念，提高教师素质，为培养高素质的创新人才提供基本保证。

### 一、正确认识创新教育

笔者认为，创新教育是指培养有创新能力的人的教育。它的内涵极为丰富，概括起来主要包括以下四个方面：1. 它不是培养少数尖子学生的英才教育，而是面向全体学生的素质教育。过去在应试教育的指引下，我们过分关注哪所学校考了多少分数，有多少学生进入高一级学校，对好学生加倍爱护，成绩差的学生被老师看不起，我们周边的学校就曾经存在过这个问题。2. 它不是单纯训练学生某一技巧的教育，而是注重学生成长过程和全面发展。3. 它不是只重结果的教育，而是既重结果，又注重过程的具有创新特征的教育。4. 它不是挖掘个体某项创新潜力价值目标的教育，而是从个体的心智世界中源源不断地诱导出一些最佳的创新思维的教育。

## 二、改变传统的教育观念

笔者认为，传统的教育观念是以知识传授为中心，它直接反映在教育教学的各个方面，包括教学思想、教学内容、考试制度、评价标准等方面。这种教育忽视了学生的主体性，阻碍了学生创新能力的发展。创新教育要变"填鸭式""满堂灌"为"启发式"；变"单向传授"为"多向交流"；变考分标准为创新观标准。例如，我们学校就再三要求全体教师绝不能让"满堂灌"和"填鸭式"的方法进课堂，一定要用启发式教学，一个回合的教学证明，效果良好。

## 三、明确教师在创新教育中肩负的责任

实施创新教育，教师是关键。因为教师直接面对学生，是创新教育的主体，在学校素质教育中起主导作用。教师素质的高低。教师的素质观、人生观、价值观，教学的敬业精神、道德水准，为人处事的方式等，都对学生有着直接、广泛、全面的影响。因此，提高学生的素质，首先要提高教师的综合素质。

## 四、高尚的职业道德，良好的品德修养

教师的职业道德是教师的立身之本、立教之源。作为一名教师，应该严格按照职业道德要求规范自己的言行，努力做到爱岗敬业，依法执教，热爱学生，严谨治学，团结协作，尊重家长，廉洁从教，为人师表。

教师良好的品质具体表现在：1. 对学生的热爱，特别是对差生更要热爱，实施"微笑教学"，力求建立一种宽松、和谐、民主、平等的师生关系，减轻学生思想压力，在轻松、愉快的气氛中实现教学目标。2. 尊重知识学习的客观规律，循序渐进，宁缓勿急。3. 坚信勿弃，即应有教好每一个学生的信心和决心，而不轻易放弃一个学生，努力做好差生的转化工作，循循善诱，苦口

婆心，使其迎头赶上，不掉队。4. 公正无私，不偏爱学生，一视同仁。

**五、具有良好的师风——综合素质和创新能力**

创新人才的培养要求教师必须具备教学能力、科研能力和创新能力。教学能力不仅包括知识、技能和教学策略等方面的因素，而且还需要教师非智力因素的支持。科研能力是指教师对教育教学进行超前研究的能力和将科研成果运用于教学的能力，并且应有独到的见解，能够发现行之有效的新教育教学方法，以激发、促进和培养学生的创新能力，包括知识创新和技术创新能力。

**六、不断更新知识，做到一专多能**

教师在传道、授业、解惑时，其知识结构、水平、教育教学观念、思想等随时代发展也应及时更新。尤其是广大中、青年教师，要提高学习的自觉性，不断拓宽业务知识，提高业务技术水平；要把自己的主要精力放在教学上，刻苦钻研教学技能，尽快吸收新的经验、知识为我所用，在自己的教育教学工作中有所创新，有所建树。

**七、强化创新观念，具有创新精神**

我国的素质教育"以培养学生创新精神和实践能力为重点"，这要求作为素质教育主力军的教师率先强化创新观念，具有创新精神。如在教学态度上，不拘泥，不守旧，本着"授人以渔"的原则，既要教知识，让学生学会，更要教方法，让学生会学；在教学方法上不拘一格，侧重从多方面培养学生求疑、求异、求新的能力。

**八、坚持走教育与社会实践相结合的道路**

在新的历史条件下，教育同经济、科技、社会实践越来越紧密地结合，正在成为孕育和开拓新兴产业和新的经济增长点，推动科技进步和经济、社会发展的重要力量。因此，在教学与科研、生产和社会实践相结合已经成为培养学生的根本途径。这对教师提出了更高的要求，既要坚持走教育与社会实践相结合的道路，努力提高实践技能素养，又要深入社会，到有关业务部门实地调研以提高自己，充实教学内容。与此同时，学校也要积极创造条件，鼓励学生积极参加社会实践活动，使他们能够了解到科技新知识，增强分析问题和解决问题的能力。

# 第二章

# 立德篇

智慧之光

一生辛劳两袖风,
三春沥血四时匆。
五经教诲门生志,
六艺勤修弟子功。

# 中学德育三管齐下

当代中学生拥有丰富的物质条件，享受着现代文明，掌握着高科技知识，他们已走出了小学生的蒙昧，但未达到高中生、大学生的成熟，可塑性极强，爱冲动，好感情用事，做事缺乏思考，思想复杂且易受人迷惑和利用，对事物的看法不稳定，朝令夕改，做事易半途而废，如果没有正确的世界观、人生观、价值观引航，很可能误入歧途，走向邪路。因此，必须加强当代中学生的德育教育工作，使他们从小树立起远大的抱负理想，在未来的社会主义现代化建设事业中为党和祖国做出更大的贡献。

据此，经过多年的实践，笔者认为中学德育工作应从以下几个方面入手：

**一、学校应从整体上提出德育目标**

目标的提出必须从学校的实际出发，且考虑好学生的具体素质能否顺利达到既定目标，并应紧扣时代脉搏和社会发展趋势。

当前，学校德育目标应以《中学生守则》《中学生日常行为规范》、"五心"教育、"五爱"教育为基础，进一步提出相关的教育措施，如"公民道德基本规范"等。同时，逐步渗透合作精神、公平竞争意识，不断开拓进取、与时俱进，使学生成当代人，想当代事，有当代为。

在初步建立了德育目标后，学校要制定一些相关的守则公约，从点滴抓起，量化管理，及时奖惩：一是奖励，用以巩固和提高学生良好的思想品质；二是评比竞赛，用以表彰先进，鼓励后进；三是操行评定，用以发扬优点，克服缺点；四是处罚，用以克服和纠正学生的不良道德行为。进而引导学生的言行，让学生知道何为正，何为错，何为美，何为丑。除此之外，学校要广泛开展集体活动，社会实践活动。如"夏令营活动""今天我做家务"等，让学生在课外活动中受到启迪和教育。另外，学校应要求教师在教育教学过程中积极渗透爱国主义、集体主义、社会公德等方面的教育。在校园中、班集体中，学生当中还应树立榜样效应，要求团队干部、班干部、团员、"三好学生"等以模范行为和事迹带动全体同学，形成良好的道德氛围，让学生们真正时时感受到德育在自己一生中的重要位置，在自己的思想上打下一个深深的烙印。

**二、德育教育应强调教师的表率作用**

教师应关心、爱护、尊重、体贴学生，师生共建德育的氛围。德高为师，身正为范。教师的道德素质，教师的行为都会潜移默化地影响着学生。因此，在现实生活中，教师不仅要像红烛一样具有牺牲精神，而且要时时注重用自己的良好道德形象去影响学生，给学生以熏陶，并以优异的工作成绩和教育教学能力，诚挚的事业心和社会责任感，忠诚于党、忠诚于事业、忠诚于社会的教育，使学生们从小就懂得未来的社会需求，怎样才能做一名有益于党、有益于祖国、有益于社会、有益于人民的人；作为中学生应以怎样的风貌去迎接未来，怎样以优良的品德服务于社会，造福人类，使我们的祖国更加繁荣富强，永远自立于世界民族之林。

作为教师还应该成为学生前进道路上的航标，学习、生活上的良师益友。教师要能够发现学生的点滴进步，尊重学生的人格及个性差异，及时加以引导和鼓励，并帮助学生树立远大的理想，确定远大的目标；要尊重学生，信任学生，使学生能够把道德认识、道德情感、道德行为统一协调起来，逐步建立起一套完整、健全的德育心理结构，使其具有较高的动机水平和自我意识，形成一个高层次、高效能的自我调节和控制系统。

### 三、学生的自我教育

进入初中阶段的学生已具备了交往、认识个人特点，识别别人品质及自觉遵守道德规范的能力。学生能在自我意识的基础上对自己的思想品德表现进行自我认识、监督，实施自我控制和自我改正，从而更好地促进学生良好品德的形成与发展，为搞好中学德育工作提供必备的先决条件。

总之，要搞好中学的德育教育工作，除了学校、教师、学生本人以外，还有社会与家庭的积极参与和良好的德育影响。德育工作是全方位的，是每时每刻都在进行着的。随着社会的进步和发展，德育教育工作的目标与内容也会随之发生变化，其方法也会不断完善，但德育在人的素质结构中起到的作用是其他教育无法替代的，一名当代中学生只有具备了高尚的道德品质才能成为优秀的公民，才能成为国家的有用人才，才能更好地面对21世纪的建设与发展，才能为人类的进步、发展做出更大的贡献。

# 漫谈中学的德育工作

一个人，从幼儿园、学前班、小学、中学直至大学，几乎占了一生的四分之一时间。这个时期，既是学生增知识、长身体的黄金时期，也是学生的思想品质、道德情操逐步形成的关键时期。在这个时期，学校能否对学生进行正确的思想道德和良好心理品质的培养教育，对学生以后能否成为祖国建设的栋梁之材起着极为重要的作用。可见学校德育重要，千万不容忽视。

如今，不少家长把孩子视为"小公主""小皇帝"，一味地娇宠、溺爱、放任、迁就，结果只重视督促孩子做题、背书、弹琴，只重视孩子考试分数的高低，而忽视了孩子的心理素质、道德品质的培养，这对孩子的健康成长显然是不利的。

有的学校，学生以分数高低论好坏，教师以所教科目得分的多少作为评先进、拿奖金的条件，学生分数高了，可以坐好的位置，可以得到老师的厚爱。"一俊遮百丑"，"分、分、分，学生的命根，考、考、考，教师的法宝"。在这样的压力和学校影响下，一些教师重视了学生的智育，轻视了学生的德育，这也会给学生思想道德水平的提高带来不良的影响。

培养什么样的人才，关系着祖国的前途、命运。作为学校，加强德育工作，为四化建设培养合格人才，是一项长期而艰巨的任务,同时也是每一个教育工作者义不容辞的责任。

那么,如何才能做好德育工作,为祖国培养合格的人才呢?笔者的看法是:

一、育人先育师。教师的言行举止,对学生起着潜移默化的作用。为此,可举办教师培训班,通过学习培训,提高教师思想素质、道德水平,使教师懂得,教书就是育人,育人必须育心,既要传授给学生各种必备的科学文化知识,又要培养学生健康向上的心理和良好的思想品德。在传授知识的同时,帮助学生明确学习目的,端正学习态度,树立正确的人生观。

二、榜样的力量是无穷的,为此要注意发现和培养先进典型,定期召开先进事迹报告会,经常对学生进行思想教育,使他们树立远大的共产主义理想。教育学生从学习、生活、情感、人际关系等方面以先进人物为榜样,学先进,照镜子,找差距,订措施,循序渐进,逐步提高。班主任还要注意发现好人好事,建立好人好事登记簿,利用班会,定期向学生进行好人好事公布总结,在班上树立正气,鼓励先进,提高学生明辨是非的能力,培养良好的班风、学风。

三、定期召开家长会,使家长懂得培养教育学生提高思想品德的重要性,积极与学校配合,在重视学生知识的同时,注意学生的道德培养。对学生正确的思想行为及时支持、鼓励,对学生错误的思想、言行,要随时批评教育,并要坚持以正面教育为主,以反面教育为辅,多收集一些伟人、名人的先进事迹,启发诱导孩子效仿学习,严格自律。作为家长也要注意严格要求自己,做好表率。因为家长是孩子的第一任老师,家长的一言一行,直接影响孩子的成长。另外,家长利用业余时间阅读一些有关学生心理方面的书籍,提高教育孩子的能力和艺术,有助于提高教育效果。

四、多组织学生参加一些有益的社会活动和校内活动，如拥军优属、种花植树、打扫卫生、扶老携幼、修理桌椅、参观烈士陵园等。通过这些活动，陶冶学生高尚的道德情操，培养学生爱祖国、爱人民、爱集体、爱劳动的好思想、好品质，同时也使学生身体得到锻炼，生活能力得到提高。

总之，作为教育工作者，为了祖国红色江山永不变色的千秋大业，为了子孙后代的前途幸福，在给学生传授科学文化知识的同时，决不忽视学生的德育。既教书又育人，这是历史赋予我们的神圣使命，也是人民对我们的深切厚望，我们决不能等闲视之。

# 发展学生个性，培养创新人才

全面推行素质教育，是加快实施科教兴国战略的重大决策，也是当今教育自身发展过程中的必然。实施素质教育的重点，是培养学生的创新精神和实践能力。因此，我们在注重发展学生个性特长的同时，还要注重学生创新精神的培养。

## 一、德育在发展学生个性中的向导作用

德育对学校素质教育的实施有巨大的导向作用，《中共中央国务院关于深化教育改革全面推进素质教育的决定》中明确指出："实施素质教育，必须把德育、智育、体育、美育等有机地统一在教育活动的各个环节中。学校教育不仅要抓好智育，更要重视德育……"学校是实施素质教育的主阵地，在促进学生个性发展的过程中，我们要充分利用这一有利条件来对学生进行一定的德育渗透，采取一主（德育课教育为主）、一辅（家庭教育为辅）、一隐含（创设周边环境进行德育熏陶）的原则来保证德育的实施，以帮助学生树立正确的世界观、人生观和价值观。

## 二、学生个性的培养

素质教育的主体性要求我们在实施过程中，必须要尊重学生的主体地位以及学生主观能动性的发挥。因此，我们必须重视对学生良好个性的培养。

（一）导趣与良好习惯的养成。教育心理学研究表明：兴趣是学生强大的动力。当教育手段能够引起学生的兴趣时，就会取得良好的教育效果，实践也证明，兴趣是学习之母，自主学习要比强迫学习的效率高出许多倍。"减负"留给学生的正是更多自主学习的空间。因此，在实施过程中我们必须把教学的重点放到培养学生的好奇心和求知欲上来，指导学生自主学习，独立思考；鼓励学生发现问题、提出问题和解决问题的探求精神。使学生养成良好的学习习惯，变教师的教学过程为学生带着问题不断探索的学会学习的过程。在这一过程中，教师要特别注意实施过程中教师的引导作用和学生的主体地位这一关系，以及教师教的必要性、学生学的不可替代性这一特殊关系。

（二）环境与学生性格的培养。良好的学习环境能使学生有一个愉快的心情，而愉快的心情能使学生创造性地获取知识，因此，我们要重视帮助学生形成一个和谐、宽松的学习环境，创造出一个使学生在参与中能够不断得到满足的环境，等等。这些都有利于学生性格的培养。教师授课时尽可能地选取一些幽默、有趣的学习材料，既能培养学生的学习兴趣，又能给学生创设一个比较轻松、愉快的学习环境，从而创造性地获取知识。让课堂教育充满活力，这就要求教师在减轻学生过重的学习负担和心理负担的同时，要留给学生更多的空间和发挥自己创造性思维的机会，作为教师，要多支持学生，鼓励学生，而不是轻视和批评学生，要放下架子，走下讲台，走近学生，从而营造一个学生乐学的氛围。

### 三、挖掘潜能，培养创新人才

培养学生的创新素质是实施"科教兴国"战略的重要举措，是素质教育的重点，我们要培养创新人才，就必须注重对学生潜能的开发。

（一）授之以渔。明天的文盲不是目不识丁的人，而是不知道如何学习的人。

教学永远是一种发现，永远是一种创新。我们应该让学生在学习的过程中掌握怎样学习的方法，从而达到启迪智慧的目的。叶圣陶说过："教是为了不教。"从中我们可以看出，"教"是教师施教的手段，在这个过程中，教师所处的地位是"辅导"；而"不教"才是施教的目的，因为，只有达到了这样的境界，学生才能够成为学习的主人。

（二）"导演式"和"答记者问式"教学法，笔者曾在教学中对"导演式"和"答记者问式"进行过尝试，并且取得了良好的教学效果。

"导演式"教学法，顾名思义，即在实施过程中，教师"导"，学生"演"，让学生处于教学活动的主体地位，在这个过程中，教师始终是处于"辅导"的地位，学生有了自己主动学习的空间，兴趣高涨。

"答记者问式"教学方法，即学生充当"小记者"，教师作答。著名发明家保尔·麦克克里德说过："唯一愚蠢的问题就是不问问题。"可见问问题在学习过程中的重要性。以往的教学是教师问，学生答，而"答记者问式"教学法要求的正好与此相反，给学生发挥主观能动性的机会。因此，笔者抓住这一点，培养学生不仅敢于问问题，而且善于问问题的习惯。实践证明，这一过程，是量变到质变的飞跃过程，即通过"答记者问式"教学，实现一个目的：不仅要让学生经常为感受到成功的喜悦而进取，更要让学生经常为发现自己的不足而奋进。

当然，这两种教学法，都要求教师以具有丰富的知识和良好的心理准备作后盾,还要考虑到实施过程中一切可能发生的问题。

(三)创新思维和创新人才的培养。培养创新思维是培养创新人才的关键,创新教育既是基础教育的重要组成部分,又是素质教育提出的要求,它所培养的是具有创新精神与创新能力的人才。在这一过程中,要遵循如下原则:

1. 基础性原则。创新思维与创新能力的基础主要有两个,即知识基础和生理基础。美国著名心理学家 J. P. 吉尔福斯特说过:"没有哪一位富有创造性的人,不需要以往的经验或事实也能够有所作为的。"我们必须以自己的知识和已有的经验为基础,才能够有所创新,空中楼阁的创新是不可能的。生理基础方面,我们重视对非智力因素的开发,重视音、体、美等课及其他活动课的能动作用,为创新素质的提高奠定生理上的基础。

2. 民主性原则。素质教育要营造一个和谐、民主、平等的教学氛围,让学生积极大胆地参与教学,让学生成为学习的主体,培养学生的主体人格,让学生在教学过程中表现出自主性、创造性和能动性。这是培养创造性思维的前提条件。苏霍姆林斯基说:"让学生体验到一种自己亲身参与和掌握知识的情感,乃是唤起少年特有的对知识的兴趣的重要条件。"教师一定要改变"师道尊严"的观念及"一言堂"式的教学法,要想方设法激发学生的创新意识。

当然,教师还应有一定的震慑力和感召力,简而言之,就是严格要求学生,而不体罚;亲切友待学生,而不偏袒。二者是紧密结合,相辅相成的。

3. 启发性原则。创新人才的培养过程中尤其要重视启发性原则的贯彻。只有通过启发式的教学才能调动学生各方面的积极因素，培养独立的思维，自己寻找学习规律，进行创新式的学习。启发性原则所强调的是创造性解决问题的方法和独特的思维方式。

　　要而言之，只有发展学生的个性，培养创新性的人才，才能使学生适应未来的要求，这是素质教育赋予我们的使命，也是教师的神圣职责。

# 中学语文教学中的传统美德

中华民族传统美德是中华民族几千年历史沉淀而成为全民族认可的优良道德规范。中华民族传统美德,一是为中华民族所特有,是中华民族区别于其他民族的特征,是中华民族的心理素质、行为准则;二是历史长期沉淀而成的传统,是自古而今所有中华民族成员共同认可的是非标准。无论是谁都受他制约,是起码的道很准则,是民族传统美德,是对民族成员的基本要求。

语文教学是进行传统美德教育的一个重要阵地,研究语文教学与传统美德的关系有重要的意义。

**一、传统美德在语文课本中的分布特点**

语文学科是具有思想性的工具学科,在培养学生学习使用祖国语言的能力和其他能力的同时,也对学生进行思想品德教育。在进行教育中,它既不同于政治学科,也不同于历史等学科。传统美德教育在语文课本中的分布有以下几个方面的特点。

(一)分散。现行中学语文课本初中阶段共计六册,每册书都有大量课文涉及了传统美德。传统美德在中学课本中,有时同一个问题,这篇涉及了一个方面,那篇涉及了另一个方面,另有一篇侧重说了某个方面。如初中第一册都德的《最后一课》,初中第三册魏巍的《谁是最可爱的人》,初中第五册吴晗的《谈骨气》，这些课文从不同角度，用不同形势，以不同的形象，在不同程度上表现了爱祖国这一思想，但却分布在初中不同年级的课本中。

（二）广泛。中华民族传统美德内涵极为丰富，诸如爱国、勤奋、笃学、孝亲、敬老、尊师、重教、诚信、谦让等，在中学语文课本中都有体现。可以说，中学语文课本是中华民族传统美德表现的大全，它把我们中华民族的种种美德形象生动或直接、或间接、或有意、或无意渗透在优美形象的文字之中。语文课本涉及的传统美德的广度，是一般德育专门教材所难以企及的。

（三）交叉。专门的德育教材，一般是就某一种美德而专门进行描述的，而中学语文课本中的许多课文，都能在一篇文章中同时交叉宣扬几种传统美德。例如，初中第一册范晔的《乐羊子妻》一文，既教育做人应该清廉，又鼓励人立志求学，同时赞扬羊子知错改过。通过羊子的妻子的言行，批评了男尊女卑的封建意识。学习这样一篇短文，可以同时受到几个方面的教益。

传统美德在语文课本中的分布特点，决定了在语文教学中传统美德的特殊教育作用。

**二、传统美德潜移默化的教育作用**

语文课本通过一个一个生动的故事，一个一个丰满的形象，在审美中，不知不觉地给予学生思想品德的营养。如周立波《分马》一文中的"老田头"，在文中是个并不重要的人物，作者对他用笔很少，当老王太太看中了他的沙栗儿马时，老田头笑着说："不用发愁，翻地拉车，还不一样使……"读到这里，人们不能不为作者这极为精简之笔勾画出一个翻身农民的高度觉悟和中国农民敦厚朴实的美德而受到感动，受到教育。

**三、传统美德对语文教学的深化作用**

语文课本的篇章，不是词语的堆砌，而是一定思想的载体，在学习语文过程中，如果对文章所负载的思想内容理解不深，也就影响了语文知识、语言能力的获得，所以说不但不应该把传统教育当成语言课的负担，而应看成培养语言能力的一条途径。

初一第一册的《论语十则》中较系统地论述了学习的方法、学习应有的态度、个人修养、思想修养等问题。再如《散步》一文，叙写了祖孙三代人在一起散步的平凡小事，表现出一家人之间互敬互爱的真挚感情，体现了中华民族尊老爱幼的传统美德。教师如果能结合中国自古就有笃学务实、尊师重教的光荣传统对学生进行传统美德教育，学生对文章的认识就会深刻，甚至能从此养成良好的学风并受益终身。

# 德育工作六种机制的建构

新时期，如何提高德育工作的针对性、可操作性和实效性，促进德育工作与公民道德建设相结合，建立健全学校德育工作的体系，是摆在每个教育工作者面前亟待解决的问题。加强德育工作六种机制的建构，实现学校德育工作的良性循环是关键。

**一、德育工作机制的内涵**

"机制"一词来源于希腊文 mechanic，本意是机器运行过程中各个零部件之间相互联系、相互因果的关系及运行方式。"机制"这一术语在"三论"（即控制论、系统论、信息论）中广泛使用，被赋予非常广义的内涵。把它借用或引用到德育工作体系中，作为其中一个基本范畴，主要有以下几种含义：一是德育工作机制是德育工作中的各个要素，各个方面、层次，各个环节与各种方法手段、方式互相联结、互相作用、互相制约关系的总和；二是德育工作机制是一个系统，总机制不是各种子机制的累加，而是各种分机制、子机制的综合，总机制作为一个完备的系统，它的运行状态，不仅取决于各种分机制与子机制各自的运行状态，还取决于各分机制、子机制相互协调、相互贯通与配合的程度；三是德育工作机制决定德育工作的功能与效率；四是科学完备的德育工作系统是做好德育工作的前提和关键。

**二、德育工作六种机制系统的结构与联系**

德育工作总机制的系统有三个分系统,三个分系统又是由六个子系统构成,并且组成各个子系统的各个要素也是一个有机联系、互相作用的整体。德育决策指挥系统作为德育工作总机制的分系统是由德育目标子系统、德育条件等子系统构成。两个子系统中,前者为德育工作的内容和方法指明了方向,同时也为德育工作管理、运行、评估提供了依据,同时它还与评估机制中的指标体系互为因果、互相照应。保障机制(德育条件等子系统)在学校德育工作中处于首要地位,使德育的地位、组织制度、经费、条件、队伍、科研等必备条件得到落实和保证。

德育工作执行分系统中的运行机制、参与机制这两个子系统,是学校德育工作管理、实施、运行等不可少的环节。德育工作的管理、实施、运行的途径、方式方法、原则在这里体现,德育工作的范围、环境、背景、网络在这里展示。

德育评估反馈分系统中的评估机制、奖励机制这两个子系统,是学校德育工作系统中最为重要的机制。因为评估机制本身就是一个完整、系统的、网络化的体系。而奖励机制则是依据评估的要求和标准以及对评估结果的作用,即肯定与惩罚。

通过对以上各个分系统及子系统的分析,我们不难看出:第一分系统即德育决策指挥分系统是第二分系统即德育工作执行系统的前提和基础;第二分系统是第一分系统的实施、运行;第三分系统即评估反馈系统为第二分系统定性和总结,同时也为第一分系统指挥决策分系统提供信息反馈。可见三个系统三位一体、互为因果、互为前提、互相联系、互相作用。

### 三、德育工作六种机制的内涵及作用

（一）明确的向导机制。德育的导向机制（德育目标体系）确立为德育工作统一认识、建立制度、规划内容、选择方法、建设队伍、有效管理和科学评价等一系列问题指明了方向。它既是德育的出发点和航标灯，又是德育的目的地和归宿，是德育体系构建的首要问题。

（二）可靠的保障机制。德育的保障机制（德育的条件等）是指德育的制度、组织机制、队伍、经费、设施、基地、活动、载体、科研等必备条件得到落实和保证。它是德育工作实施运行的前提和保证。

（三）有力的运行机制。德育的运行机制（德育的实施与管理），它不完全等同于德育管理，它是德育管理与德育实施运行的交互和集合。它还包括德育工作的途径、方法、原则等。

（四）广泛的参与机制。德育的广泛参与机制（德育的网络），是指德育工作从学校延伸到家庭与社区，从而确定以"家庭为基础、学校为关键、社会是保证"，即"区域性学校、家庭、社区"一体的大德育运行机制，营造大德育环境和氛围。

（五）科学的评估机制。德育的评估机制（指标体系与评估）是依据有关德育的法律、德育目标，结合学生身心发展规律，有组织、有计划地对学校德育工作进行定性、定量的价值判断活动过程。它是整个德育体系最重要的一个系统，德育工作评估体系的构建是德育工作良性循环的关键，没有德育评估体系就没有德育体系。

（六）有效的奖惩机制。德育的奖惩机制是依据一定的要求或标准，即评估方案，对学校的德育工作、班级及学生的思想行为给以强化、肯定和否定的过程，它既是评估结果的运用，也是

评估的目的之所在。

总之,整体构建德育工作体系,使学校德育工作形成科学、完备、可操作的系统,坚持德育工作的方向性,注重德育工作的基础性,突出德育工作的实效性,积极探索德育工的新方法、新途径、新视野,提高德育工作。质量与效益,是摆在每位德育工作者面前的新挑战、新课题、新思路。

# 德育工作迫在眉睫

许多年来，德育工作在很多学校一直被喊得很响，但却收效甚微，究其原因何在？因为一提到德育工作，很多人总认为那是学校领导、政治课老师和班主任的事。这种错误认识导致德育工作难以开展。对于已跨入21世纪的学校，学校德育必须顺应时代的要求，每一个教育工作者必须清醒地认识到学校的德育工作的重要性、紧迫性，努力探索德育工作的途径和方法。

## 一、学校德育工作的重要性、紧迫性

由于思想认识上的错误，以及家庭的过分溺爱，一些学生对于学习和社会生活的认知产生了较为严重的偏差，他们对学习毫不在乎，对老师的谆谆教诲完全不放在心上，生活散漫，沉迷游戏，毫无上进心，甚至偏离了正确的人生道路，误入歧途。这样，作为教育工作者就应该对教育有一个重新的认识：要想提高学生的学习成绩，首先必须端正学生的思想认识，使学生树立正确的人生观、理想观，故德育工作起着举足轻重的作用。在德、智、体、美、劳"五育并举，德育为首"中，已充分显示出德育教育的重要性，可以说德育教育是学校教育成败的关键，是青少年终身发展的奠基，特别是在国家推行教育改革的今天，德育教育迫在眉睫。

## 二、学校德育教育的任务和内容

什么是德育呢？在中小学教育中，德育就是学生的思想教育、德育教育。使他们具有较高的社会主义觉悟，将学生培养成为具有社会公德、自觉养成文明行为习惯、自觉遵纪守法的人，使学生成为有理想、有道德、有文化、有纪律的社会主义建设者。而中小学德育教育要抓好哪几方面的内容呢？

（一）爱国主义教育。在学校的全盘教育工作中，爱国主义教育应处于最突出、最核心的位置，使学生了解中华民族的革命传统，使学生认识到现在从事的社会主义现代化建设是中国历史上最伟大的事业，从小树立祖国的利益高于一切的观念。激发起学生的民族自尊心、自豪感，使爱国主义思想转化为学生振兴中华而勤奋努力的强大力量。

（二）遵纪守法教育。丰富多彩的物质生活和日益膨胀的物质追求已使人们的法律意识逐步淡薄，特别是当代的初中生，对他们进行民主、法律、纪律的教育非常必要。通过遵纪守法教育，培养学生具有民主意识和社会主人翁的精神，养成尊重他人、谦虚诚实的良好习惯，树立在真理、法律面前人人平等的观念。教育学生民主和法制、法律不可分，了解作为一个社会主义公民的基本权利和义务。

（三）加强学生养成教育。培养学生良好的心理品质和道德情操，培养学生诚实正直、谦虚宽厚、勇敢坚毅、惜时守信、开拓进取、团结友爱、尊老爱幼、遵纪守法等良好品质。

## 三、学校德育教育的模式

学校德育模式是在学校德育领域中较有代表性的德育操作方案。学校德育模式的构建在于最重要的量变，一般而言，这些量变指的是能够用来解释学校德育活动的几个最基本的概念，即德育目标、德育内容、德育方法、德育评价。

（一）从目标上讲，德育工作目标既要有长远规划，又要有阶段性目标，这样才能发挥目标的导向、激励作用；从内容上讲，学校要根据学生的思想状况、年龄特点，确立德育工作的具体内容；从方法上讲，学校集体开展的德育活动要与班级的周会、班会、团队活动有机结合，创造良好的德育氛围，真正把德育工作落到实处，同时，各学科教师还要在学科教学中渗透德育内容，达到润物细无声的功效。从评价上讲，学校德育工作应有具体可行的评价方案，一方面反馈学校德育工作的利弊，使之不断改进，不断完善；另一方面，通过评价开展德育竞赛活动，规范学校的德育工作，鞭策学生提高自身的思想道德素质。

（二）培养一支高素质的学校德育工作队伍。它是学校德育过程中最为活跃的因素，也是德育工作有成效的根本保证。学校应有计划地从师德修养、业务能力等方面加强德育工作队伍的建设。

（三）形成德育工作的合力。形成学校德育、家庭德育和社会德育的合力，采用课内外结合、校内外关注、教导与非教导活动均重"德育因素"的德育方式，使学生的德育素质受到全方位的熏陶和培养。如开辟德育基地、建立校外辅导站、成立家长学校都是行之有效的举措。

**四、学校德育工作的途径**

（一）从小事做起，重视德育养成教育。养成教育是中小学德育工作的主要任务之一，一定要扎扎实实从小抓起，要教给学生做人的基本道理，把理想信念、思想品质、个性发展、人际交往、生活方式等各种要求，引导到学生心灵深处，化作他们坚定的信念，正确的行为规范等思想品德素质。

(二）注重主体参与，培养学生主体道德素质。创造各种机会让学生走出书本、走向社会，在学生共同参与学习、生活、社会实践的德育活动中，不断认识自我、完善自我的世界观、人生观，找到自己存在的意义和价值，最终落脚到学生主体的自我道德判断、选择等能力的发展上来。

（三）开展丰富多彩的德育活动。充分发挥学生个性品质促进学生个性全面、充分、和谐发展，是素质教育的目标之一。品德素质是构成个性素质的灵魂，因此，学校德育工作必须依照个性的发展规律，开展丰富多彩的德育活动，帮助学生不断展示个性并树立不断追求进取的强烈愿望，从而形成每个学生独特的精神力量。

# 实施心理教育，提高德育实效

在大力发展市场经济这一新的历史条件下，德育渗透如何继承传统和开拓创新是时代提出的新课题。特别是随着中学生青春发育期的提前，为了提高学校德育工作的实效性，现从心理角度，就德育过程作一些侧面探讨。

**一、力求按需施教是提高德育实效性的基础**

心理学认为，需要是人的活动的动力基础。当代中学生生活在社会主义初级阶段，现实环境决定了他们产生相应的物质生活需要，精神文化生活需要和个人成才的需要。其中，成长的需要是最主要的。然而，在中学生的需求中，也有许多不正确不科学的地方，个人需要与国家的现实和未来存在着不少矛盾。但也就是这些矛盾引起他们对德育方面的渴求，所以，德育在中学中蕴藏着深厚的基础，这需要德育工作者用恰当的方式发掘出来，以便成为推进德育的强大动力。

中学德育一方面是社会发展的需要，是党和国家培养四化建设合格人才的需求，另一方面也是中学生实现自己根本利益和成才的需求。德育工作者的任务就是要在寻找两个需要的基础上，力求按需施教。在思想政治课的教学中，要坚持把学生探讨理论的需求与教学内容结合起来去回答学生所关心的问题，在学习的目的、道德品质、革命理想教育中，把这些内容与未来学生职业所需要的基本素质要求结合起来，从而使学生感到德育不是强加给他们的，而是实现自身根本利益的需要，是他们成才的需要，从而使德育扎根在学生的心中。

**二、注重情感交流是提高德育实效性的重要条件**

德育过程是一个充满感情的过程，是师生两个角色之间的感情不断交流、呼应、共鸣的过程。从心理学角度讲，教育是"人与人心灵的最微妙的相互接触"。因此，在德育过程中，只有双方不断地进行情感交流，融合升华，才能有效地实施德育目标。教育者和受教育者的道德交往一刻也离不开情感。交往过程中，教育者对学生的热爱、尊重、要求、期待会激活学生对教育者的亲近、信任、依恋和仰慕之情，这种师生间的情感交流在德育中具有决定意义，它是受教育者完成自我教育的内驱力。

事实上，在德育过程中。由于学生心理学发展水平不同，品行结构各异，特别是教育者的认知、情感、态度都不一样，因而在接受教育者德育信息时是有高度的选择性的。如果教师对学生倾注真实情感，学生一旦接受和体验到教师对自己的尊重和爱心，他们对教师的理解、信赖之情便油然而生，教师周围就会形成强有力的"磁场"来吸引、影响、感染学生，同时激发学生的爱心，进而产生情感迁移，把教师的道德观念、道德形象升华为自己的道德品质。这种情感迁移使学生把外部影响转化为内部心理结构，进而迁移到更广泛更深刻的品德内容中去，形成一种内在的心理能力。所以，我们应以真挚的情感去感化学生，激起学生相应的情感，从而缩小与教师的心理距离，扩大心理相容度，并在不知不觉中接受教师的教育。如果教师在对学生进行思想品德教育时，以法官的面目出现，盛气凌人，百般挑剔，甚至以

"罚"代教,伤害学生的情感,那么,即使教师的出发点再好,工作再辛苦,讲的道理再正确,也不会得到满意的教学效果。而那些心理脆弱的学生,必然有帅之心渐泯,离散之意日增,表面唯唯诺诺,背后满腹牢骚,甚至会发生扭曲的抗变行为。因而我们要在深刻理解学生的基础上,想方设法去激发学生的情感。实践证明,要使师生关系真正成为滋养学生和谐发展的一片绿洲,就需要教师不仅能容纳与自己明显有异的各种价值观念、信息和看法,而且能够深入了解学生的内心,并同情他们的情绪反应。诚如有人所作的生动比喻:德育这座桥,只能搭在教师对学生透彻理解的基础上,才能畅通无阻,产生最大的流通效率。德育过程的成功经验无不证明:没有理,达不到教育的目的,没有情理,难入学生心里。要使学生自觉地依"理"而言,按"理"而行,以理为准则,就离不开"情"的中介、纽带作用,学生的情感激活了,他们就会以极大的热情对待教师的教育,从而收到德育的实效性。

### 三、强化德育实践是提高德育实效性的有效途径

古希腊哲学家亚里士多德说过:美德由习惯而来,我们首先是通过练习美德才能获得他们,由于实行节制和勇敢,我们在变得节制和勇敢,由于实行公正的行为,我们才变得公正。这说明原有一种道德规范需要转化为个人行为习惯,都必须以对道德规范的充分认识并通过实践检验价值为基础。德育过程实质上是把缺乏道德经验与修养的学生培养为具有一定品格的社会成员。因此,必须按照教育目的和德育任务,有计划地向学生传授道德规范实践,以培养学生良好品德。只有在履行道德规范的训练和活动中,学生才能增强道德认识和情感,锻炼道德认识和增强道德信念,巩固已形成的良好的道德行为习惯。要使学生的思想行为

表现出稳定的心理特征，必须要经过一个长期稳定的心理适应和改造的过程，必须要经过有目的的长期反复教育与培养。经过反复的德育和教育的培养，加深认识。训偏改错，促成智行统一。即使孔子的"一日三省吾身"、孟子的"慎独"，也是通过直接或间接的道德行为训练，才形成一定的伦理道德和自我再训练。

所以，笔者认为，要提高中学德育的实效性，就必须积极组织学生开展丰富的道德教育实习，公益劳动，作业练习，音体美活动，社会服务，社会调查等。实践证明，不断提高自律的心理反省能力从而进入对道德的较深层次的理性认识，才能充分体现中学生德育的实效性。

# 班级德育工作"四要"

我们平常用"好"和"坏"来评价某个事物,一个学校、一个班级也不例外,要搞好一个学校、一个班级的工作,抓好德育工作至关重要,应放在学校、班级工作的首位。

我们班级的奋斗目标是形成"惜时勤奋,团结守纪,文明进步,争创一流"的良好班风。为了使班级形成这样的班风,最重要的是要使学生在思想上认识到形成良好班风的重要意义,即抓好这方面的德育工作,为此,我采取了以下措施来进行学生的德育工作,具体概括为"四要"。

**一、合理、科学、适时地创设情境,培养学生良好的思想品德**

可根据班级目标和学生的实际情况,充分利用班会、队会、故事会、音乐会、升旗仪式等形式,对学生进行德育工作。例如,笔者曾教过的一个新班级在组建之初,学生中有一种不利于学习的倾向——贪玩,经常因贪玩而不能完成作业。为此,笔者利用班会课创设了这样一种情境:"请同学们闭上眼睛,根据老师的提示充分发挥想象。一轮火红的太阳高高挂在天空,这正是六月大忙季节,一对中年夫妇挥舞着镰刀正在忙碌着,尽管汗流浃背,但手上的镰刀依然在挥舞。同学们,可以想一想,假设这是你们的父母,他们这样做为了什么?又为了谁?而你们只顾贪玩，能对得起他们的辛勤劳动吗？"几次类似情境创设之后，学生改变了贪玩的现象，明确了学习目标，端正了学习态度，认真学习的风气在班级形成了。在这里，教师可根据班级学生的实你情况，创设不同的情境。

还可以利用音乐会的形式。例如，为了培养学生的爱国主义情感，可让学生欣赏《国歌》《没有共产党就没有新中国》《我和我的祖国》等一系列优秀歌曲，来培养学生的爱国主义情感。

## 二、对学生多表扬，巧批评

学生都喜欢受到老师的表扬，害怕受到老师的批评，因为表扬可以使学生精神愉快，增强学习的动力，而在有的情况下批评的效果则会差很多，尤其是对自卑心比较强的学生。在这里，我们提倡表扬，是因为在一个班级里教师表扬的人或事多了，这些事或者学生就会成为其他学生学习的榜样。我们强调巧批评，是说对学生的批评要讲究一定的方式与艺术，一般不当众批评，不直接批评，不批评学生本人，而批评学生行为。这样，可使学生在不伤害自尊心的情况下，认识自己的错误而改正错误。我们坚决反对那种只批评无表扬的做法。

## 三、班主任要成为学生德育工作的表率

在日常生活中，班主任与学生接触最多，班主任的一言一行也将影响学生的言行。为此，班主任要充分认识到这一点，严格要求自己，谨记"德高为师，身正为范"，切实成为学生的表率。升旗仪式是一个十分严肃的活动，是培养学生爱国主义情感的重要形式，举行升旗仪式时要求全体师生肃立。在一次升旗仪式时，我身边的一位学生仍然在说话，两脚在不停地踢前面的花坛，我说："请你肃立。"他的回答却是："你看我的班主任，他不也没有肃立吗？"让人值得深思。

**四、狠抓个别后进生的德育工作**

后进生是班级工作的难点，后进生工作的成功与否，也直接影响到班级工作的顺利开展。要对后进生进行德育教育，首先必须了解后进生的心理特点，然后根据具体学生采取适应的教育方法。

学生小王经常违反课堂纪律，不爱学习，经常旷课，为此也就成了笔者批评"整顿"的对象，批评教育了几次后，效果不佳。后来笔者找他谈心，他说："我觉得学文化没什么意思，有时想学也听不懂，老师经常批评我，也没有人喜欢我。"分析他的回答，主要是对学习认识不明确，缺乏师爱等，为此，觉得给该生教育应多一些爱心与耐心，充分使他认识到学习的意义，产生学习的兴趣，经过几个星期的努力，这个学生的转变还是很大的。

对后进生的教育笔者认为应注意以下几点：首先要对后进生充满爱心与耐心，不能歧视和放弃不管；其次，要根据不同学生采取不同的教育方法，而且必须充分了解学生；最后要坚持不懈。

以上是笔者在班级德育工作的四点做法及体会，通过以上四点德育措施的实施，到第一期中期，班级学生已基本形成良好的思想品德，班级学习、纪律、劳动卫生等方面工作开展顺利，班级也形成"惜时勤奋，团结守纪，文明进步，创造一流"的良好班风，被评为县级"先进班集体"。

# 教书育人"德"为先

我们的教育方向是培养有社会主义觉悟的、有文化的劳动者,要培养"四化"有用人才。这就要使学生爱祖国、爱人民、爱党、爱社会主义。这些不应只挂在嘴边,写在文中,而应更注重落实在行动中。不能设想,一个不孝敬父母、不尊重师长的学生会有真正的觉悟,也不能指望这样的人对祖国和人民做出贡献。为了培养有用人才,我们学校开展了"尊重师长,孝敬父母"的活动,目的是使这种思想升华到政治的高度。为了更好地开展这项活动,学校将作文教学与之紧密配合。

首先,是教师给学生讲中华民族的优良传统。我国自古提倡"尊师孝亲",讲究师徒如父子,甚至有人提出"一日为师,终身为父",把师放到与"天地君亲"同样的高度,有"天地君亲师"为五伦的道德传统。我们今天虽不能照搬过去的教条,但要从中级取些有用的东西。要让学生明白,历来受人尊敬的忠臣良将没有一个是不尊师孝亲的。

不仅老师讲,还要学生边学历史上有关美好传统道德的故事,边互相讲述,还让他们写成文章,这样以学促写,以作文促思想觉悟的提高,促知识的增长。

学生们听得很感兴趣,学得很带劲,在讲述中锻炼了口才。

这样正气浓了，邪事少了，使学校教育有声有色有效益。我们回忆讲述古代的优良传统道德不是为复古，更不是倒退，而是古为今用。诺贝尔基金会宣言中就指出，人类要想在21世纪继续生存下去，就要从两千多年的孔夫子那里去寻找智慧，可见发扬光大我国古代优良道德传统的重要性。

教师在班上问学生，谁记得自己母亲的生日。班里的大多数学生都说不记得了，只有一个学生说自己的母亲的生日是七月，还不记得到底是哪一天。也不记得是阴历还是阳历。严峻的现实摆在面前使学生警醒，找到了自己的差距，这样写出来的文章就更有针对性了，也更解决问题了。在这种情况下，学生一边把尊师孝亲落到实处，一边写出了生动感人的文章。

某学生回到家中问她父亲：母亲的生日是哪一天。并且和父亲商量，把自己的零花钱存下来给母亲买生日礼物，得到了父亲的支持和鼓励。到了母亲生日那天，他的父亲见她心情紧张，安慰她说："你的努力不会白费，母亲一定大为感动，为有这样的女儿而自豪。"父女二人把礼物用布罩住，兴奋地等待着母亲。母亲终于来了，女儿首先向母亲祝贺生日，然后把布拿开露出了生日蛋糕。本指望母亲惊喜万分，可母亲只看了看蛋糕，没表现出任何激动，轻轻地说："都这么大岁数了，还搞这一套干啥？"说罢走进了里屋。见母亲没有反应，女儿大失所望，埋怨她父亲说："你说母亲会喜悦万分，结果却无动于衷。这到底是怎么回事呢？"父亲说："傻孩子，你怎么看不出你妈妈的眼神，她实际上很受感动，不信你去里屋看看，母亲正在干什么？"女儿将信将疑，连忙到里屋去看，不看则已，一看大吃一惊。原来母亲正坐在里屋炕上抹眼泪。女儿慌了，连忙安慰母亲说："妈妈你为什么掉眼泪？是我叫你生气了吗？我给你买生日蛋糕是我的一片心意，钱都是我平时一点点省下来的，您即使不喜欢，也不应该掉泪呀。下次我……"母亲见女儿如此说，连忙擦干眼泪，破涕为笑，解释说："我不是难过，而是高兴。这么些年了，别说买生日礼物，根本就没人想着给我过生日。还是我女儿懂事，知道关心妈妈，我真为有这样的孩子高兴啊……"这一次该轮到女儿落泪了，女儿伏在母亲肩膀上，尽情地倾洒着幸福的眼泪，母女二人抱作一团，不用一句话，交流着他们无比真挚的感情。他们都明白，这是她们一生中难忘的时刻。

可见，教书从育人出发才是根本。

## 第三章

# 立 能 篇

智慧之光

学海行舟哪敢闲,
一双慧眼站峰巅。
惊涛拍岸诗风起,
举手投足立意鲜。

智慧……
……之光

# 作文应注重"四美"

从高层次的美学角度讲,一篇文质兼美、脍炙人口的好文章,应该具备自然美、生活美、形象美、朴素美、情感美、语言美、细节美、含蓄美、空灵美,等等,至少是必具一二。就考生考场作文而言,要取得较高的分值,必须在这几个方面下功夫:

一、立意美。一篇文章要有美的思想、美的内涵。这对考生来说,就是要对事物有正确的认识,有独特的见解,思想正确,感情健康;选择材料出奇制胜,能从平凡的生活中挖掘出真理。

二、语言美。考场作文不同于平时写作,语言要朴实,要有文采。要达到这个要求,考生最起码要占有相当准确、简洁、生动的书面语言,同时要掌握常用的叙述、描写、抒情、议论等表达方式,从自己的真情实感出发,准确自如地调遣词汇,去反映客观事物。比如对人物语言的描写,就应当注意两点:一是语言要有个性,符合人物的身份、年龄、思想、性格,使读者看了对话,就好像目睹了说话的人,听到了他说话的声音;二是语言要简练,言短而情深。你看,孔乙己的"多乎哉?不多也",就是简练传神、声态毕现的典型之笔。

三、文面美。文面犹如人的脸面,它比文章内容还要引人注目。一般地说,作文的程序不外乎是:编提纲(《快速作文真法》

上讲的是先选定文章的基本结构，然后画坐标，成文前根据立意，将有关信息注在相应的坐标线上，然后连接各信息点成思维线)、动笔写、修改。然而，中小学生平时往往只注重前几个环节，而忽略认真规范的书写。从考试角度讲，前面诸方面虽然至关重要，但还不如文面有直观感。可以想象：在众多的试卷中，你的作文书写格式规范，标点正确，字迹端正且字体优美，卷面清晰整洁而美观大方，没有或极少有错别字，那就会给阅卷者以赏心悦目的美感，留下好的印象。这样，无形中你就得到了"心理印象分"。相反，如果字迹潦草，涂改较多且难以辨认，标点错误百出或模糊不清，错别字太多，书写格式不规范，卷面乱而不洁，评卷者就会产生厌恶感，很难给出高分。因此，规范的书写是考场作文不容忽视的重要一环。

四、头尾美。开头是文章结构的重要组成部分，它对一篇文章的优劣等级起着重要作用。"好的开头是成功的一半"，此话对考场作文就更有道理。因此，考场作文的开头，一定要精心构思，力争在许多平平淡淡的"大路货"中，尽可能地展示自己的才华，写出亮色来，使阅卷者一见钟情，爱不释手。结尾好，能使阅卷者得到充实感；结尾不好，就像吃花生，本来香甜满口，最后那颗却偏偏是霉烂的，不免令人大倒胃口。考场作文的结尾正是如此，它是阅卷者读完全文准备打分的关键时刻，如果你的作文结尾不佳，阅卷者就会皱着眉头降低你的文章档次和分值。故此，务必认真写好结尾，让阅卷者"回眸一笑"。

当然，考场如战场，要在考场上人人做到上述几点并非是件易事，因为时间紧，任务重，你绝不可能慢慢地写字，冥思苦想开头和结尾等而浪费时间，导致"半途而废"或"文不成章"。可见，各位考生应该在平时写作中切实加强基本功训练。

智慧……
……之光

# 抢救考场"离题"作文的两大绝招

学生考场作文，或因时间紧，来不及细细推敲，便下笔千言，离题万里，或因心情紧张，阅读要求蜻蜓点水，一晃而过，行文如半天云里撒石灰，景朦胧意朦胧，待发现，作文已过半……当然还有这样或那样的失误因素，不管是何缘故导致的，都要马上刹车，倾力抢救。结合多年的教学经验，笔者认为应从以下两个方面下大力。

**一、拨正龙头法**

考场上往往会有这样的情况，题目到手，忙于下笔，虽然开了头，却再也无法写下去了，或者发觉这个开头写得不切题。于是左右为难，心情烦躁。是重新开头呢，还是硬着头皮往下写呢，若要重写，一怕时间来不及，二怕影响卷面整体，怎么办？若要再往下写，就必定"两只黄鹂鸣翠柳，一行白鹭上青天"。究竟怎么办才好呢？对于一位缺乏临场经验的中小学生来说，也确实是一大难题。那么，像这样的情况是否有抢救的办法呢？又怎样抢救呢？就这个问题，我向大家介绍第一大绝招——"拨正龙头法"。它能使考生将已写走题的文章开头，拨正过来为切题，以解燃眉之急，使作文"转危为安"。

那么，什么叫"拨正龙头法"呢？又该怎样将它运用于考场作文之中呢？下面我来跟同学们仔细说说。

所谓"拨正龙头法"，就是将一个不切题或全走题的开头，不管考生写到哪儿，或字多字少，先用省略号省略，然后冷静下来考虑，用哪一句画龙点睛的话，作为过渡句或过渡段，把它一下子拨正过来，从而使偏题的内容一下子就转入切题的轨道。

例如，有一位毕业班的考生，由于平时在学校经常练笔写《我的妈妈》如何如何，特别是写伟大的母爱这方面的内容之多，印象之深，可以说是根深蒂固了，再加上临场状态不佳，心情紧张，题目到手，也顾不得思索，慌忙下笔。考题明明是《我的爸爸》，而这位考生却写成了《我的妈妈》，一写就是一百多字，等到自己发觉内容不切题时，开头已写成了，再也无法往下写了。这怎么办呢？是涂？是改？乱涂乱画，影响了卷面整洁是要扣分的，再说作文是受时间限制的，改也来得及了，但不完篇更加不行，怎么办呢？正左右为难时，忽然，他眼睛一亮，想起我教给他的"拨正龙头"的绝招，先用省略号将其已写好的部分省略掉，然后冷静下来，分析了走题的原因，再对症下药，忍痛割爱，就地取材，把已写好的妈妈如何如何开头这段文字，用来衬托"爸爸"。在省略号的后面写了一两句画龙点睛的话，将其内容引到"爸爸"那里，他想出的是这么一句："但与爸爸相比，妈妈还是逊色多了。你不信，我就说给你听听。"接着，他就举例说明了。有一次，爸爸在生活上是怎样怎样关心和照料自己的……情节写得曲折生动，扣人心弦，并在这件事的结尾处，还特意点了一下："你看，是不是爸爸比妈妈还要爱我呢？"文章写到这里，他感到还不到位，又举一例来说明爸爸是怎样从物质上关心自己到教育他对人要诚实，使他懂得了该做个什么样的人和该怎样做人的道理，用对比的写法使爸爸和妈妈形象形成反差，从而使爸爸的形象更加高大、更加光彩照人，这样把全文推向高潮然后收尾。在这件事的结尾处再次点明："你看，难道不是妈妈比爸爸逊色多了吗？"他这样写了一笔，使上下文前后照应，贯串成篇，给读者以一气呵成之感。可是这位考生还不满足，他在写完这两件事后，又写了一段简短的结尾段："爸爸这样关心我，我怎能不爱我的爸爸呢？"

正是"拨正龙头法"救活了这位考生的离题作文，并获得了高分。

同学们，当你在考场上突然发现了类似的情况，请不要慌张，先静下心来，分析病情，灵活运用这一招——"拨正龙头法"，它定能挽救你考场离题的作文。

**二、换词点题法**

因考场作文受时间限制，考生内心紧张，性情急躁，临场经验不足，往往还没有审清题意和要求，就忙于动笔作文。当文章写完，阅读后发现文不对题，可是，剩下来的时间不多了，重写显然不行，不改也不行。面对这种情况，怎么办？其实，考生不要过分着急，只要有几分钟，就有抢救的希望。那么，又怎样抢救呢？这里就向大家介绍第二大绝招——"换词点题法"。它也能使考生将全文走题变为全文切题，以解燃眉之急。

什么叫"换词点题法"？就是先修改作文的开头和结尾，把作文题目中的词（特点是"题眼"）更换到文章的开头和结尾中去。在时间允许的情况下，再对文章中与题目不完全相符的有关内容略作些改动即可。

例如，考卷的作文题是《我的爱好》。有一位考生开头是这样写的："我的课余生活多种多样：打羽毛球、下棋、看书、绘画……"接着在正文中就写自己放学后是怎样同伙伴们打羽毛球、下棋的，略写了自己看书、绘画。结尾段写道："我的课余生活丰富多彩，过得幸福快乐。"我们一读，就会觉得这篇作文已经走题了，这不是在写《我的课余生活》吗？

　　针对这篇文章，抢救的办法是：将开头中的"课余生活"换成"爱好"。将结尾再这样一改："我的爱好是丰富多彩的。这些爱好，增长了知识和智慧，也陶冶了我的情操，伴我度过了美好的时光。"这样改后，首尾显然就呼应了，而且也紧扣了文题，点明了自己的爱好和爱好带来的好处，揭示了文章的中心。如果还有时间的话，就把中间部分的有关地方也加上或换成"爱好"一词。这样一来，这篇离题作文岂不是切题了吗？

　　同学们，如果你在考场上偶然发生了类似的离题作文现象时，请你采用我介绍的第二招——"换词点题法"来挽救它。

智慧……
……之光

# 作文中的想象

　　写作文常常需要想象，而丰富、合理的想象，能使文章生动活泼、内容充实，容易感染读者。
　　经常有同学问我："老师，我也很想在作文时想象，可就是不会写！甚至还把联想误以为想象，这是什么原因呢？"
　　其实，想象也并不难。首先，要弄清楚什么是联想，什么是想象。一般说来，联想是由一事物想到另一事物的过程，联想到的事物就是储存在记忆里的事物。想象则是大脑把许多记忆里的事物进行加工改造，形成一件新事物的过程。联想是想象的基础，两者虽然有所区别，但又有联系。从心理学角度讲，想象是根据客观存在的事物或过去已经感知的事物进行加工改造，从而创造出新的形象的心理过程。总之，想象是客观现实的一种反映，想象的内容往往出现在现实生活之前。
　　想象的种类很多。按照想象的范围，可分为整体想象和局部想象；按照想象的目的，可分为有意想象和无意想象；按照想象的性质，又可分为再造想象和创造想象等。今天，我就给大家介绍几种常见的想象，供习作时参考。

　　**一、有意想象**
　　在写作前，先在我们头脑中构思出所要写这篇文章的情景，这种提前构思就是有意想象。有意想象是一种自觉的，有目的的想象。

例如，我们在作文时描写到某一处诱人的景色，作者为表达对这片景色的喜爱之情，可能会把自己想象成鲜艳的花朵，或是一只小蜜蜂在花丛间飞来飞去采蜜，这就是有意想象。它和无意想象不同，无意想象是无目的的，不自觉产生的想象。比如听老师讲故事时，随着讲述的情节在头脑里浮现出故事中的情景，或者看到天上的白云而把它想象成地上的羊群等。但有时候，无意想象也会转化为有意想象的，比如梦幻就是无意想象的一种特殊形式。然而，作文中的梦幻就完全是有意想象了，因为它是作者按照预定的目的有意穿插进文章中去的。所以，作文中的想象都是有意想象。

二、再造想象

再造想象就是根据一定的社会生活、一定的语言文字描述、一定的图样示意等在作者头脑中再造出事物新的形象的过程。

例如，写一篇有关南极的文章，可是我们没有去过南极怎么办？那就只好根据《中国少年报》发表的有关南极资料或某人的语言描述，自己再加工整理，展开丰富的想象，描绘出南极的天然风光。在头脑中形成的这一新的图景，就是再造想象。另外，根据小说改写电影，根据诗歌改写散文等，都属于再造想象的范畴。再造想象的特点是：都有一定描述作为依据，它虽然是自己没有直接感知过的，但却是别人已经感知过了的事物的形象。写作中运用的大多是再造想象。

三、因果想象

因果想象是从原因想象结果，或者从结果想象原因。

例如，假如我们写《补图书》这篇文章，书要补，说明书是破损的，这就是结果。可是其破损的原因是什么呢？我们就可以从结果去想象原因：（1）这些书用的时间已经很长了；（2）这些书看的人太多了；（3）有些同学不爱护书。

**四、推测想象**

推测想象就是推想、猜测事情的全过程。可以从时间、地点、情景多方展开。

例如，课文《黄河象》中科学家假想古代黄河象的来历，为什么不假想老象饿死、冻死、病死……而偏偏假想失足落水呢？因为从"沙土"中发现了象骨化石，所以科学家以此为据，推测想象出二百万年前，黄河象失足落水于一条缓缓流动的弯弯的小河里。只有弯弯的小河才容易形成泥沙的淤积。同样，我们在学了《滥竽充数》这个寓言后，也可以推测一下南郭先生以后的结局有几种可能。

**五、假设想象**

假设想象就是设想一下，如果有这种情景或有这种可能将会怎样？

例如，有一位同学的作文《假如我有一支神笔》，想象十分奇特。这位小作者就采用了假设想象，着重写了三点：（1）要用它绿化西北荒沙；（2）要用它使盲人恢复光明；（3）要用它在台湾海峡架起一座大桥，实现和平统一祖国的愿望。

**六、观察想象**

没有观察就没有想象。借助观察进行的想象，往往给人以真实感。观察想象就是在观察的基础上再对原事物加以合理的想象、改造。因此，摹景想象、借事想象、依物想象等，都是借观察获得表象材料后的想象。

例如，同学们在观察蚂蚁"大军"怎样齐心协力地把一小块肉骨头搬进洞里后，作文时就能对蚂蚁的外貌、行动和生活习性等进行具体描写，有的同学还大概想象了蚂蚁王国的生活环境、居住条件以及纪律要求等情景，虽属虚构，但能给人以真实感。

看图作文也是观察想象的一种。一幅画、几幅画，内容都是有限的，而且画面上的人物等都是静态无生命的。小作者要想将无生命的静态人物等写活，就必须发挥丰富的想象，如果不去想象就不可能将无生命的画面变成生动感人的文章。

**七、扩充想象**

扩充想象是同学们经常训练的一种作文形式，它包括扩写和改写两种。

1. 扩写。扩写就是将短文、片段或者提纲扩展成内容丰富、结构完整的文章。扩写的原材料大多是文章的开头，也可是文章任何一个片段，或是几句文章的轮廓。同学们在作文时，就是要在原材料的基础上加以想象、扩充，再创造出新的更加丰富的情节和形象来。扩写主要靠想象，而且必须在不断改变原文基本内容和中心的前提下进行，否则，就是胡拼乱凑或节外生枝，那就不属于扩充想象的范畴了。

2. 改写。改写就是把原作按照某种需要加以适当的改动，用与原文不同的表现形式将相同的内容表现出来。

例如，把小说改写成电影剧本，诗歌改写成散文，寓言改写成故事等。要将短小的诗歌、寓言改成几百字，甚至上千字的散文、故事，如果不想象是根本不可能实现的，因此，它属于扩充想象的范畴。如果改写后的篇幅和原材料相等或大致相等，就不属于扩充想象的范畴了。

**八、幻觉想象**

幻觉想象又叫幻想。幻想和梦境不同，梦境是无意想象，幻想则是有意想象。这种幻觉想象是因自己的某种愿望而在脑中产生的一种幻觉。这是作者表达想象的一种特殊形式。

例如，课文《卖火柴的小女孩》中四次擦燃火柴，四次展开想象，这些想象使文章内容更加丰富，人物思想感情表达得更强烈，中心思想体现得更深刻。再比如同学想象着将来当个宇航员，驾驶飞船遨游太空；或者想象将来要当个潜水员到海底勘探海洋的奥秘等。这种幻想充满了儿童对未来生活的向往，是儿童对未来所抱愿望的表现。

幻觉想象又分积极幻想和消极幻想两种。

1. 积极幻想。可以成为推动少儿积极学习、钻研科学的动力。如，一个学生在作文中写道："到了2053年，我要当个饲养员，弹起《崔蛋曲》，就可以指挥千万只鸡生蛋。曲子刚弹完，刹那间鸡们就生下了千万只又大又圆的双黄蛋。"你看，这位学生的想象多么神奇，多么有意义，所以称之为积极幻想。

2. 消积幻想。能使少儿放松学习，甚至经常沉溺在有害的活动之中。如，一位同学常幻想自己将来能学会一种魔术，可从远处摄取财物，或者飞檐走壁，腾云驾雾，像孙悟空那样七十二变等，这种幻想是不积极的，也是根本不可能实现的。

### 九、比拟想象

比拟想象就是在写没有生命的东西时，把它想象成人一样。例如，一位同学描写"雨"的一段话："雨滴就像千万个伞兵，从空中跳下来，而且安全地降落在地面上。突然间雨停了，伞兵们都不见了，却见空中出现了一座七色桥，我想用笔将它画下来，但是它来去匆匆，仿佛在跟我玩捉迷藏一般。庭院中的花朵好像洗过了澡，显得生意盎然；泥泞的道路好像又抹上了一层润滑油，许多小动物都出来溜冰了呢！"这段文字美妙动人，就是因为小作者采用了比拟想象的描写手法，写得多么形象、有趣呀！如果没有进行比拟想象，哪能有这样好的效果呢？推而广之，我们平常所说的比喻也属于比拟想象的范围。

**十、创造想象**

创造想象就是对事物进行大胆的夸张，显现出奇丽的形象，给人极深刻的印象。

例如，课文《望庐山瀑布》中的诗句："飞流直下三千尺，疑是银河落九天。"诗人用夸张和比喻的手法，进行丰富的想象，把庐山瀑布烘托得更加奇丽壮观，使文章增强了情趣。但是，这种对事物进行大胆的夸张，必须以事实为依据，既要大胆又要合情合理，才能显现出奇丽的形象，给人以深刻的印象。

总之，想象是丰富多彩的，其表达形式也是多种多样的。如果你善于妙用想象，就能使文章增添奇异而又绚丽的色彩，增添文章的感染力。不过，运用好也并不容易，它首先要有丰富的表象，才能具有想象能力，而表象的获得关键在于对生活的认识和观察，对生活观察面越广，认识越深刻，想象越丰富，想象能力也越强。其次要敢于大胆想象，经常参加一些富于想象的活动，如音乐欣赏，智力游戏等，并力争在文章中运用。参加想象方面的活动多了，智力才能得到开发，想象能力才能提高。另外，想象要结合实际，要有意义，不要漫无边际地空想。因为想象是一种创造性的活动，它能使少儿插上理想的翅膀，它能把我们带向神奇美丽、光明美妙的未来。

智慧……
……之光

# 同题异作中的奥秘

文贵创新。新包括立意、语言、形象和手法诸方面。其中至关重要的就是立意要新。即是一个被人们已经写"滥"了的题材，如果你在构思立意时，能摆脱人们习以为常的思维习惯与方式，从相反的方向进行思维，这样你的文章就出新。

谁都想把文章写得新颖一些。那么，同题又怎样异作出新呢？这是目前学生作文中的一大难题，亟待解决。

在同一题目中，为什么学生作文常常会出现"千人一面"的文章呢？原因是多方面的。除了平时不注意观察事物，缺乏素材积累外，据调查，有的学生在别人作文中寻找写作素材，结果是"他人的肉，肥不了自己"，作文无新意可言，因为他们总是在不断地重复别人的东西。

怎样才能出新呢？要想同题出新，关键不在写什么，而在怎么写。题材能重复千遍，立意不可重复一次。为了揭开同题异作之奥秘，今天介绍以下几种技法供同学们参考使用。

1. "反其意而用之"会出新

这是出新的一法。是让你将同一题材的内容，用批判的眼光看待已有的定论，把思维的触角伸向相反的事例，从问题的两个方面去观察、去思考、去发现，便会得出与传统定论相反的结论或发现存在两种截然不同的特点,并将其抓住写下来。这样的同题异作就有新意,有说服力。同时,也向我们展开了一个完整的逆向思维过程。

例如,"骏马奔腾"的时候,留下蹄印,也扬起了尘土。可是也有人赞美蹄印,说是一步一个脚印;也有人指责灰尘,说是污染了空气……这里我们不难看出,前者是从"赞颂"的角度来美化"骏马奔腾"的,而后者却是用"指责"的眼光去抨击"骏马奔腾"的。看!恰恰相反的结论,使这同题异作出了新,展示了一种"反其意而用之"的方法,表现了思维的多向流动,文章构思别具一格,并有较强的思想性。

再如,同题《沙子》,甲写道:"沙滩的松软,软得你难以找到立足点……"而乙则写道:"砂轮的坚硬,都硬得能磨砺刃器……"同样题目《沙子》,因甲乙都采用"反其意而用之"的方法,所以,写出了两篇颇有新意的作品来。即使古今中外的名篇中,这样的例子也不少。大家所熟悉的、所赞赏的陆游的《咏梅》和毛泽东主席的《咏梅》,都是同题异作中的传世之作。总之,"反其意而用之"这一逆反运思的方法,很有效。

2. "反自意而用之"亦出新

这也是出新的一法。自己已写过的题材,且属佳作,若另有发现,另从其他角度或换用新的表现手法,也能产生同题佳作。

例如,一位同学的题为《"班门弄斧"新解》的文章。

"班门弄斧"这个典故是比喻在比自己高明的人面前卖弄本领,自古以来都是作贬义词用的,它一直束缚着人们的思想。事物总是发展的,后人总是胜于前人的。现在有许多人在"班门"前都大"弄"其"斧"起来。

接着，文章列举了几个事例：青年数学家陈景润，在世界著名数学家华罗庚门前"弄斧"，摘取了数学皇冠的明珠；工人作者宗福先，在戏剧大师曹禺门前"弄斧"，写出了轰动全国的话剧《于无声处》。文章最后得出结论说：我们不要以"班门弄斧"自责，别人更不应该以此来嘲笑勇于探索、创新的人。特别是青年人，要有"青出于蓝而胜于蓝"的精神，为了祖国的建设事业，勇于在"班门"之前弄几下"斧"，不要怕砍歪了，多砍几下，取得了经验，学到了本领，不就能砍正了吗？这位同学先用批判的眼光看待已有定论，然后把思维的触角伸向相反的事例中去，展开对问题的具体思考，最后得出相反的结论，文章岂不写出了新意？"反自意而用之"一法，其实也是一种求异思维、逆向思维的过程。它要求我在运思过程中，让思维沿着不同的方向流动，多侧面、多角度地去思考问题。这样，即使是问题，也会新颖奇特，不落窠臼，写出放胆求异的佳作来。

3. "反题意而用之"还出新

这是出新的又一法。这是突破常规的思维定式，从文题指向的反面入手，使整个运思过程表现出与文题的指向相反的特征。文章即使同题，也显得新颖动人。

例如，同题作文《妈妈的爱》，一般同学们总是通过一两件具体的事例体现妈妈的爱，写妈妈对孩子的关心、爱护、教育、抚养、实施的办法，并称赞"科学育儿"。而有的同学却与文题反其道而行之，不写真心的爱，却大写妈妈对自己无知的溺爱，写妈妈没能辨别是非，将溺爱当作"真心的爱"。这后者的思考过程表现出了与文题指向相反的特征，文章就新颖感人。

总之，我认为越忠实自己的感受，越是坚持求异思维方式与自己的风格，越是勇于写自己的真情实感，就越能新意别出。

我建议中小学生常写同题异作!

我也希望老师常讲同题异作。

我深信,对同题作品所领悟到的不雷同之理,就是新意产生的奥秘!

智慧……
……之光

# 多看自知，多作自好

　　南宋时期，有位名叫姜夔的大词人，他把自己的写作经验总结为八个字，即"多看自知，多作自好"。这里的"看"，不仅是指用眼睛观察社会，观察生活，也不仅意味着要大量地读书。对于我们初写作文的人来说，观察社会、生活固然重要，但是，大量地读书对于我们更是必不可少的。同样，"作"于我们来说，就是多写多练。这里，我们还是谈谈读和写吧！

　　一提起做好作文，就谈及多读多写，不免有些老生常谈，但是，古往今来一切有成就的作家谈起成功的经验，总是把多读多写放在首位，可见，多读勤练的确是不可忽视的。

　　鲁迅先生曾经这样说："文章应该怎样做我说不出来，因为自己的作文，是由于多看和练习，此外并无心得或方法的。"（《书信·致赖少麒》）这一"心得"恐怕对我们不无裨益吧？因为多读，可以使我们开阔视野，增长知识，舒展手足，能"博采众家，取其所长。"便于滋补自己，独立创造。至于多练，则是熟能生巧，实践出真知。

　　我国唐代伟大的诗人杜甫一生写了不少不朽的诗篇，被后世尊称为"诗圣"，他的秘诀是："读书破万卷，下笔如有神。"可以说，他道出了写作"秘诀"的真谛！我们要说出一种意思，可以用的表达方式却不只一种，但不管是哪一种，都不是自己凭空杜撰出来的，而是由前人习用的框架描画或脱化出来的，你不读，或者读而不熟，有了意思，可以用的表达方式在你心中也很茫然，拿起笔来就难以得心应手。反之，读多了，读熟了，笔未着纸，可以用的表达方式早已成竹在胸，你自然可以信手拈来，不费思索而顺理成章。多读，一种是为了吸收前人的表达方式，还有一种是学"思路"，多读，读熟了，这两方面的积蓄必然增多，既有内容写，又熟悉表达，作文的困难自然消除了。也就是通常说的："熟读唐诗三百首，不会吟诗也会吟。"

但是，要想做好作文，仅仅局限于多读还不行。如果只是一味地读，而不练笔，很容易养成"眼高手低"的毛病。这样，同样提高不了自己的作文水平。

要想做好作文，还必须勤于练笔。多练，并不是说总要正规地去写作文。平时写日记、写笔记、记札记都是练笔的好方法。只要勤于动手，就有好处。经常写，也就能促使你经常想、经常动脑筋。

俄国大作家契诃夫曾给一位青年作家写信说："请你尽量多写，请你写、写、写……写到指头断了为止。"这话固然有些夸张，但它的用意很明确，就是多练。果戈理也曾经这样说过："必须每天写作。如果一天没有写，怎么办呢？没关系，拿起笔来写：今天不知因为什么我没有写，今天不知因为什么我没有写，把这句话一遍遍地写下去，等到写得厌烦了，你就要写作了。"这些话与其说是他们劝告别人的，不如说是这些伟大的作家自己工作情况的写实。也正因为他们这样地苦练，才使像《变色龙》《套中人》（契诃夫）、《死魂灵》《钦差大臣》（果戈理）这样的作品如此脍炙人口，成为文学史上的巨作。

智慧……
……之光

　　我们在平时的生活中，无论如何忙，都应挤出一点时间，读一读、练一练。这样，时间长了，就会从中得到乐趣，就会从难到易。作文的能力就是这样培养出来的。你们说难吗？说它难，它的确不能一蹴而就，它需要一步步慢慢来，一口吃成个胖子是无论如何也不行的，它需要你耐心，有毅力，坚持多读勤写的训练，这是一个较长的过程；说它不难，因为功到自然成。你平时注意多读多练了，就会从量变到质变，使你的作文水平大大提高。

　　还是开篇那句话："多看自知，多作自好。"这就是写好作文的途径。

# 文章笔法之"写意"

自古道:"文无定法。"文章是艺术品,写文章也是一种创造。作者的生活经历,品格修养,思想情怀,兴趣爱好,等等,无所不在地反映到文章当中,形成各具特色的个性。加之客观现实生活五彩缤纷,呈现出使人眼花缭乱的景象。每篇文章作者又从不同的角度,运用自己独特的目光,来观察、认识生活,反映到写作上来,就必然出现带着各个作者独自特点的、纷纭杂沓的笔墨情趣。因此,想要寻求可供遵循的"定法"是困难的。不过事物总是对立统一的,"文无定法"强调的是文章笔法丰富多彩,富于变化,可以任人创造的一面,就作者历来的创作实践而言,又可以找到若干大家不约而同地在文章中使用的、虽有个性又有共性的带有某些规律性的笔法,这对于初学者尤其具有参考价值。我想举例式地谈写意这种文章笔法。

中国画的传统技法中有写意一法。这是一种以简练的笔墨描摹事物最富于本质特征,不求神似,不求形似的画法。在文章当中,尤其是在一些格局小、篇幅短,不求故事情节完整的散文。作者如果在写人时,追求从多方面刻画完整的人物形象,记事时又追求事件发展的全过程,写实、写细,文章就未免拖沓臃肿,读来使人感到沉闷。这时不妨使用写意法。用写意法写人叙事还有虚实、粗细、点面的不同方法。

先谈虚实。我们先举中学课本中的两段文字为例，一是吴伯箫的《记一辆纺车》中的一段：

纺线有几种姿势，可以坐着蒲团纺，可以坐着矮凳纺，也可以把纺车垫得高高地站着纺。站着纺线，步子有进有退，手臂尽量伸直，像"白鹤晾翅"，一抽线能拉得很长很长。这样气势最开阔，肢体最舒展；兴致高的时候，很难说那是生产，是舞蹈，还是体育锻炼。

这只是写坐着和站着纺线的不同姿势，没有具体落实到某人、某日、某地上，是虚写。因为作者抓住了事物的特征，写得非常传神。再如冰心的《樱花赞》中开头的一段：

樱花是日本的骄傲。到日本去的人，未到之时，首先要想起樱花；到了之后，首先要谈到樱花。你若是在夏秋之间到达的，日本朋友们会很惋惜地说："你错过了樱花季节了！"你若是冬天到达的，他们会挽留你说："多待些日子，等看过樱花再走吧！"总而言之，樱花和"瑞雪灵峰"的富士山一样，成了日本的象征。

这段文字，作者只是用简法的文字来表达"樱花是日本的骄傲"这一意思，也是传神写意之笔，这是虚写。

虚写简练传神，但一篇文章当中还必然有特别需要着力刻画，力量用得重一些的地方，如秦牧所说："总得有它的特别强烈细致的尖端部分。正如一出戏剧有它的高潮，一阕音乐有它的旋律紧张处一样。"文章自然也有要写得细，写得实的地方。如《樱花赞》一文中写日本出租汽车工人，为了送中国作家代表团，自动推迟了罢工开始的时间一事，什么时间，什么地点，什么人物，事情的来龙去脉，全部细致地叙述出来了。这就是写实。

文章或虚或实，虚虚实实，简洁全神又重点突出地表达主题。这就是写意的一种方法。

再说粗细。粗细结合主要用于写人，粗写指不必全面写出人物性格发展的全过程，是简笔勾勒，点画出人物的特点。比如鲁迅的《记念刘和珍君》：

我平素想，能够不为势利所屈，反抗一广有羽翼的校长的学生，无论如何，总该是有些桀骜不驯的，但她却常常微笑着，态度很温和。……待到学校恢复旧观，往日的教职员以为责任已尽，准备陆续引退的时候，我才见她虑及母校的前途，黯然至于泣下。

这是粗写，这样的粗线挥洒，使人物面貌鲜明突出，不失为传神之笔。用写意法写人，不只要求粗，也需要粗中有细。方苞《左忠毅公逸事》中，写史可法去探望在狱中的恩师左光斗时，就用的是细写。作者抓住人物最能传神的语言动作，细致描绘，使左光斗这个人物跃然纸上。

最后说点面。用写意法写场面要点面结合。比如夏衍的《包身工》一文，写包身工们早晨起床时的情景用的是场面描写，其中先写面上的整体情况：

七尺阔，十二尺深的工房楼下，横七竖八地躺满了十六七个被骂做"猪猡"的人。跟着这种有威势的喊声，充满了汗臭和湿气的空气里，很快就像被搅动了的蜂窝一般骚动起来……

然后再写点：

"芦柴棒"着急地要将大锅子里的稀饭烧滚，但是倒冒出来的青烟引起了她一阵猛烈的咳嗽。她十五六岁，除了老板之外，大概很少有人知道她的姓名……

前者是用广角镜头，反映了整个场面气氛；后者用的是特写镜头，对准的是一个具体人物，点面结合，互相辉映，给人以既完整又清晰的印象。

# 第四章

# 立 论 篇

智慧之光

寻经问典四十年，
驭雨春风孕巨篇。
智慧之光惊四海，
文韬武略慰先贤。

# 一份课堂评价量化表引起的思考

在一次校外听课时,笔者很茫然地接到一份该校的教学评分量化表,他们的指标是这样设计的:

A. 教学能力(50%):

1. 教学目标的贯彻(10%);2. 教材处理合理,突出重点、难点(20%);3. 教学方法运用灵活、恰当、有启发性(20%)。

B. 教学基本技能(20%):

1. 教学态度(10%);2. 教学语言规范,有条理,有感染力(5%);3. 板书设计合理,字迹清楚(5%)。

C. 教学效果(30%):

1. 课堂气氛(12%);2. 教学目标达成(18%)。

这样一份课堂评价量化表引起了笔者的思考与担忧。在大力反对主观评判的同时,一部分人又走向了另外一个极端,这就是过分强调了量化评定,认为只有量化评定才是科学合理的。

固然,量化评估较科学、合理地确定各种指标,评估教师对教材的处理、教学方法的选择、授课素质的高低、课堂效果的优劣等,改变了以往课堂教学评价的主观性、片面性、模糊性的弱点,能较为全面准确地评估课堂教学的质量。为此,有关专家制定了《课堂教学评价量化表》,表中的指标细则分等级,具体详尽，听课者只要按表中的条条款款打分，就可按分值评定这节课的质量。

就拿上表来说吧，这样量化评估指标，看起来很科学，或者说在理论上是很好的，可是在实际操作中却很难把握。因为语文不同于其他学科的课，它的教材是思想和情感的载体，它的传授讲究艺术处理。属于科学的好定量，属于艺术的就难以定量，只能定性，而且评议教学中很多指标是不能量化的。如师生情感的交流，如在知识传授过程中对学生进行一定的科学世界观、人生观、价值观的培养，如对于课堂上的偶发事件的处理等，用这种量化的标准去衡量，就显得机械呆板。因此，"量化评定才是科学合理的"也不尽合理。

对于语文的评价，笔者认为，评价的内容应该是全面的而不是片面的，评价的形式应该是多样的而不是单一的。

一般情况下，教学活动的质量主要看教学效果，而教学效果的好坏往往要看教学方法的选用和教学目标的实现情况。因而，教学评判应主要以教学目标标准和教法标准作为衡量教学活动质量高低的尺度。教师能否通过精心设计的教学活动，把教材中有价值的知识科学地传授给学生，并使之转化为一种能力，从而实现大纲所规定的教学目标，就是所谓的教学目标标准。目标标准可以分解为以下两方面：1. 看教师能否从一定的教学目标出发，对教材内容做深层次的总体的把握，很好地驾驭教材，并能圆满地完成教学任务；2. 看教师的教学活动是否着眼于面向学生传授学习方法，培养自学能力。所谓教法标准，是指是否得法，即教师所设计的教学过程和采用的教法能否很好地体现教师的教学意图，落实教学目标。成功的教学活动，往往是正确的教学目标和科学的教法的完美统一。

能充分调动教师和学生的积极性、主动性，努力提高课堂教学效率，实现语文课堂教学的最优化的课就是好课，这是目前比较一致的看法。所谓最优化，就是在尊重教学规律和教学原则的基础上，为了达到科学的教学目标，教师选择最好的、最适合的教学对象具体条件的教学方案，实现学生在自己起点上的最大可能的提高，收到最佳的教学效果。

　　具体说来，教态是否自然大方，语言是否清晰、标准、洪亮，语调是否抑扬顿挫，有变化，充满激情，书写是否简明规范、流利清秀，板书是否有条理，这些无疑是评定一节课优劣的依据。但教学目标明确、突出、课堂思路的清晰，知识点的落实，教学过程的完整和谐，学生思维的活跃等，应该是认定一节好课的主要指标。另外，还有一个非常重要的指标，就是看教师能否调动起学生学习的积极性，传授学习方法，发挥他们的主体作用。这也是当今语文课公认的一个重要的指标。

　　在语文课评价的形式上，笔者认为应该多样的而不是单一的，量化的评定十分重要，但模糊性的评价也不可少，分项评定不可少，但整体评价不等于分项的累加，应根据具体情况作酌情处理。

　　总而言之，只有走出语文课评价的误区，建立起科学的语文评价体系，才能使其成为教师教学生学的调控杠杆，从而切实提高语文教学质量。

# 走进散文说意象

散文是侧重表现作家思想感情的一种文学样式。但感情并不是散文，从感情到散文，这中间有一个具体外化的过程，这个外化的过程既是"意与象俱"的意象构造过程，更是"思与境谐"的意境营造过程。一篇散文是否韵味独特，说到底是看有没有优美巧妙的意象，是看该文有没有情景交融、虚实相生的审美意境。要写出具有意境的散文就需在散文教学中培养学生的意象思维能力。本文就意象、意象思维、组合意象的问题作一浅显的探讨。

## 一、意境与意象

古代文论有关形象思维的理论中曾提出过"境生于象外"。司空图也说过："思与境谐。"王国维把这一概念运用到词曲的创作和品评上，说："有境界则成高格。"而优美的散文一样是能体现"意境"的，古文家林纾就把这一概念运用到散文的创作和品评上来，讲写散文要"后文采而先意境"。

"意"主要是指作家的精神境界。作家对社会人生的深刻认识，作家的品格、气度、信念、理想和热情都含蕴在他的精神世界里。所谓意境，是指作品通过意象组合产生的一种艺术境界，是情景交融、虚实相生的能诱联和开拓出丰富的审美想象的空间的整体意象。它能使读者在品味中经过想象和联想获得更为广阔的艺术天地。作家一遇到客观景象或事物的某种情景时，如果意与境冥然相合，就可以创造出有"意境"的作品来；作家也可以以客观景物为材料来造境。"意境"所反映的不仅是客观景物的境界，同时也是作家的精神境界的具体化。实际上意境是"情"与"境"的融合。

唐诗"诗格"中说："诗有三境，一曰物境。欲为山水诗，则张泉石云峰之境极丽艳秀者，神之于心，处身于境……了然境象，故得形似。二曰情境。娱乐愁怨皆张于意而处于身，然后驰思，身得其情。三曰意境。张之于意而思之于心，则得其真矣。"

这里所谓"三境"中的"物境"，即主观感情之境；"意境"即自然物境与主观情意的融合；意境是由意象相互映染共同形成的一个艺术氛围，是一个情景交融的艺术境界。

意境构成的最基本的因素是形象（物境），优美的散文都注意刻画书写一个主体形象，凭着它营造意境的轮廓，凭着它倾注作者内心的诗情，显露出抒情的微波洪涛。抓住意境构图的主体形象使其贯穿作品的始终画出抒情的波澜，这是一种颇有艺术魅力的方法。如《白杨礼赞》中作者笔下的白杨树这一主体形象就是如此。

可以说意境的创造依赖于物境的体现，这里的"物境"实际上就是"情境"化的物境，就是意象；散文美不美是看散文有无意境，意蕴来自意境。意境美不美取决于意象的选择，离开了意象，意境就成了无源之水，无本之木。

简单地说，意象就是意中之象，是客观物境经过诗人的感情活动而创造出来的独特形象，是一种富于更多的主观色彩、迥异于生活原生态而能为人所感知的具体艺术形象。意象艺术是中国诗歌的传统。唐代诗评家司空图说："意象欲出，造化已奇。"（《二十四诗品》）胡应麟也说："古诗之妙，专求意象。"而我们应把这种传统创造性地加以发扬光大，使它在散文创作中更具光辉。

**二、意象思维与物象**

什么是意象思维？简单地说就是在写作构思中，作者头脑中所形成的生活图景和要表现的主观思想感情融合一致的形象化的思考过程。散文的创作离不开意象，运用意象思维选择意象，这是第一步，组合意象则是第二步。

要选择意象，思维有两种：一种是诗人眼中先见某物，然后托物言志，谓之物象的情思化也就是捕捉形象、提炼意象；另一种是先有情思，然后借物巧言之，谓之情思的物态化，也就是因意造象。

（一）捕捉形象，提炼意象。意象提取的过程，并不是将已经获得的形象原封不动地照搬出来的过程，而是在积累形象感知的基础上通过联想想象提取理性的观念形象，形成创新形象的过程。意象是融入了主观情意的主观物境。在现实生活中，由于人们对物境的感知，欲悟不够深透，许多意象是飘忽不定、若明若暗的，特别是一个物境可以构成意趣各不相同的许多意象，这就要从引发灵感之泉的角度出发，运用统摄思维方式，把众多的"物境点"集合起来，找出其中共同的东西，形成作者的总体感受。在物境点的统摄基础上，形成了自己的感悟点，这时，你就已经捕捉到了意象，并渗入自己的感情、观点，得到感悟。再在此基础上，把感悟点的方方面面都分散，扩展为几条线索，使感悟点具体化、明晰化、丰富化。将感悟点力求分散，这是从丰富文章内容的角度讲的，分散不是结果，分散之后还要从提炼主旨这个方面来集中。

如《长亭送别》中选用了下列意象：

碧云天、黄叶地、西风紧、北雁南飞、霜林染醉。

作者用几个带有季节性的景物作为物象，创造出能融入浓重的离愁的意象，衬托出离人的情绪。萧瑟的秋景与悲凄的心境合二为一，就把读者引向那富有诗情画意的意境里。

又好史铁生的《我与地坛》中的描写：

四百多年里，它一面剥蚀了古殿檐头浮夸的琉璃，淡褪了门壁上炫耀的朱红，坍圮了一段段高墙又散落了玉砌雕阑，祭坛四周的老柏树愈见苍幽，到处的野草荒藤也都茂盛得自在坦荡。

在这儿，作者抓住了古殿檐头的琉璃、门壁上朱红、高墙、老柏树和野草荒藤几个物象融入"剥蚀、淡褪、坍圮、散落"这几个词语所传达出的主观感情来描写地坛的沧桑变化，描写地坛的破败相，将地坛当年的富丽面貌淡出了，突出了荒原的破败，而荒原的破败又烘托了落魄者的精神状态。

（二）因象造象。散文大多有一个中心场景或中心人物，而中心场景或中心人物又往往与某一情景、画面、景物等相关联。如《雪浪花》中"浪咬礁石"这一情景，《海上日出》中的"日出"这一画面，都可称作物境，当这些物境融入了作者的思想感情，进入文章中去形象、生动、具体表达主题思想时，这些物境就变成了一个个鲜明的意象。意象之所以不再是形象，因为不仅有"形"有"象"，而且还有"意"的主观融注，是主客观的统一体。但长期以来，散文教学，比较关注收集材料、提炼主题，忽略潜心体味自我情感本身，忽略捕捉那潜于心中，注入了丰富情感的意象。只有找到了渗透情感的意象，收集资料、提炼主题才是有意义的工作。也就是人人都在生活，都有素材，却不能人人都在写作的原因所在。其实，意象是一个微妙复杂的心理过程，它在初始阶段往往体现为一种感觉、一种情绪、一个遥远的记忆、一个朦胧的画面。这一切都来源于作者长期的生活和感情的积蓄。散文教学中，教师就是要善于根据命题，激活沉睡于学生心中的意象，引导学生依据命意演绎出一个个生动的故事。

如朱自清的《春》中的描写：

春天像刚落地的娃娃，从头到脚都是新的，它生长着。

春天像小姑娘，花枝招展地笑着、走着。

春天像健壮的青年，有铁一般的胳膊和腰脚，它领着我们向前去。

在这儿，为了描写春的无限生机、美丽的姿容、巨大的创造力，作者演绎了三个意象，引起读者的美好联想，从而书写出春天对人们的激励鼓舞。

**三、意象思维与意象组合**

意象组合是指客观事物的现象或映象触发了作者的灵感，作者捕捉到了主要意象，在此基础上，进一步地调动生活的积累，"神与物游"地展开想象、联想，使主观的思想感情与客观生活的多种物象相交相融、同符合契，逐步地臻于统一，在勾画出整个诗篇脉络的同时，创造出"意与境谐"的诗的艺术境界。意象组合必须着眼于意境的创造。在意象组合的谋篇布局中，作者应把真挚强烈、健康向上的思想感情浓缩于有限的生活图景中，使作品具有耐人寻味的诗情画意，意象组合营造意境的方式，说到底就是情景交融。好的作家，能够使意境"景中生景，情中含景"。

在意象组合中，可以借鉴电影中的蒙太奇技术的运用。用特写镜头抓拍一组意象组合在一起，形象地反映现实生活，称为"镜头式描写"，它要求客观地写人状物，在文中不流露深情和作者态度。段与段之间是靠"蒙太奇"艺术组接，不用文字过渡，读者凭视觉形象将画面自然连接在一起，形成一个完整的意象。马致远的《秋思》中，天涯游子羁旅愁苦之情就是通过诗歌前面三句九个意象积累组合之后才正面点出的。

这实际上运用的是积累式蒙太奇手法。所谓积累式蒙太奇就是把一系列性质相同或相近的镜头简捷迅速地连在一起，通过视觉形象的强调和积累，达到渲染气氛激发观众情绪的目的。比如用林红尽染、黄叶萧萧的画面组成深秋的景色，用人笑旗舞、礼花飞升的场景形成节日气氛。

如《天云山传奇》中当冯晴岚离开人世以后，是这样的镜头：

燃尽的蜡烛，斑斑烛泪，一缕青烟；破羊皮背心挂于竹竿，随风摇曳；切了一半的咸菜，案板，菜刀；褪色窗帘，半掩窗户，纹丝不动；雪地上的车辙，弯曲悠长，通向远方……

运用积累式蒙太奇的手法营造一系列意象组合：燃烧的蜡烛，破羊皮背心，褪色窗帘，切了一半的咸菜；它把人们带回到冯晴岚苦难而坚贞的岁月中，深情地赞美一个甘于自我牺牲的东方女性，一个平凡而崇高的灵魂。

组合意象，让描写变成一幅幅生动、形象的画面，从形式到内容都给人一种全新的感觉。这也正是运用意象思维指导写作所希望达到的目的。

意象在我国存在很早,探讨的人也很多,但大多数局限在诗歌领域,局限在把意象看作一种心理现象、一种表达形式,很少有人把它看成一种思维形式,看成文学创作特有的一种思维形式。如今,要全面培养创新人才,我们必须运用新的思维方式来指导我们的散文教学,才能适应时代的发展要求。

智 慧 ……
…… 之 光

# 培养初中学生良好的语文学习习惯

我国现行的初中语文教学大纲中明确地指出,初中语文教学目的之一是:"在小学语文教学的基础上,指导学生正确理解和运用祖国的语言文字,使他们具有基本的阅读、写作、听话、说话的能力,养成学习语文的良好习惯。"

何谓习惯？习惯是指由于重复或练习巩固下来并变成需要的行动方式。习惯有好（积极的）、坏（消极的）之分。好习惯养成了,工作效率提高,它可以减少开始工作时的阻力,既不犹豫,也不拖拉,迅速地、自动化地完成一套动作;而坏习惯养成了,想改变不容易,所以我们应该从小培养自己各个方面的好习惯。俄罗斯教育学家乌申斯基在《人民教育的对象》中,曾深刻地论述了优良习惯在人一生中的意义："良好的习惯乃是人在其神经系统中存放着的道德资本,这个资本不断地在增质,而人在其整个一生中就享受着它的利息。"

课业学习同样需要好习惯。良好学习习惯的培养,不仅能优化学生的学习过程、学习质量和学习效果,有助于学生完成学业,而且能提高学生的优良素质。

**一、端正态度,提高认识**

在工作实践中,我发现不少家长及学生对学习习惯的认识不足：有的过分关注"勤奋"与否和知识掌握的多少，而忽视了良好学习习惯的培养；有的认为习惯的培养是小学阶段的事情，初中生不必再去注意；有的（学生）对自己在语文学习上存在着的不良习惯并没有意识或在意，听之任之，不想去改变它。

针对这些问题，我每接一届新生时，都注意帮助学生和家长端正态度，提高认识。既从理论上向他们说明培养良好的语文学习习惯的重要性，又要把平时自己收集语文学习习惯方面成功和失败的事例讲给他们听，从而引起他们的重视，让学生能自觉地改善学习习惯，让家长能配合教师督促子女早日养成良好的学习习惯。

**二、明确要求，具体指导**

初一新生在小学时已养成了一些语文学习习惯，但初中语文教学的要求更高，我们要向学生明确地提出要求，让他们有努力的目标。

我从培养语文能力和科学的学习方法这一角度把习惯分为四个方面：

（一）听的方面：1. 专注听话；2. 边听边想（抓要点，听出弦外之音和不同意见分歧所在）；3. 边听边记（记主要内、做听讲笔记）；4. 边听边审视（察看说话者的表情、动作、以便准确地判断说话人的深意）。

（二）说的方面：1. 说普通话；2. 说话语音清晰、语意连贯；3. 朗读课文、背诵名篇名段；4. 大胆答问、质疑；5. 讨论发言；6. 说话讲究礼貌。

（三）读的方面：1. 有目的、有计划地阅读；2. 默读；3. 边读边想；4. 边读边记（包括圈、点、画、批注和记笔记）；5. 边读边查（查工具书和参考书）；6. 制作阅读卡片；7. 读写结合；

8. 注意阅读感悟；9. 课内课外阅读相结合；10. 上课前认真做好预习；11. 复习和整理。

（四）写的习惯：1. 书写清楚、规范，讲究姿态；2. 正确使用标点符号、不写错别字；3. "三勤"（勤观察、勤思考、勤练笔）；4. 作文先写提纲；5. 自己动手搜集资料；6. 自己修改文章。

上述的分类只是纲要性的，有的要求较笼统，所以在操作过程中，我还尽量具体地指导学生怎样做。如就"上课前认真做好预习的习惯"这一条，我对新课的预习做了统一的规定。学生先是要完成常规的预习（每一篇课文都一样的）：1. 初读课文（包括自读提示和注解①），了解学习目标、时代背景、作者简况及课文大意；2. 细读课文，用圈点勾画的方法找出文中的生字、词，然后借助课文下方的注解及字典、词典弄清它们的形、音、义；3. 再细读课文，标好自然段的序号，概括每一段的大意，进而划分课文的段落层次，把握文章的中心思想；4. 把在阅读中产生的疑问提出来。其次是要完成我根据不同课文的特点和学习重点难点而布置的不同思考题。这样，学生就有章可依了。

**三、循序渐进，持之以恒**

良好学习习惯的养成，不是一朝一夕的事情，而需要日积月累，我们不能操之过急，一下子要求过高，而应循序渐进；也不能半途而废，而要持之以恒。

循序渐进，指的是（学习、工作）按照一定的步骤逐步深入或提高，这是由学生的认识发展规律决定的。因此，我在工作中注意由浅入深、由易到难、由简到繁，使学生能够顺利地养成各种良好的学习习惯。另外，对个别基础较差的学生，我还根据其自身情况，有步骤地帮助他们一步步提高。如有的学生性格内向，害怕在众人面前发言，别说大胆举手答问、质疑了，就是被点名发言也是面红耳赤、语无伦次。我就有意识地在课堂上向他们多提问。先是让他们回答一些很容易、只需说"是"或"不是"的问题。当他们回答正确时，我大加表扬，以增强他们的自信，消除他们的胆怯，然后再鼓励他们举手发言。等到他们可以举手发言时，我就进一步要求他们注意语音清晰，语意连贯等。经过这样有意识地训练，学生便能养成良好的说话习惯了。

大凡好习惯的养成，都是与坏习惯作斗争的过程。高尔基说过："（习惯）是一个残酷的主宰，而旧的生活的紧固的网，是完全由习惯纺织成的……许多人在没有明白必须把网绳撕开以前，一辈子都缠在这面网里。"要养成好习惯，就要下决心撕开这些旧习惯、坏习惯织成的"坚固的网"。

在工作实践中，我发现妨碍学生养成良好的学习习惯的最重要的坏习惯是有始无终。有始无终表现为"三天打鱼，两天晒网"，首先是意志薄弱，缺乏责任心和自制能力；其次是只喜欢做简单、痛快的事，对需要长时间努力才能完成的事，总是半途而废。

为此，我在教学中非常注意防微杜渐，严格要求学生坚持不懈。如要求学生读一首诗、讲一则故事、写一篇短文，要是读不好、讲不好、写不好，我一定要让他们重读、重讲、重写，直到读好、讲好、写好为止，丝毫不放松。对有些意志特别薄弱的学生，就经常单独教育，晓之以理、动之以情、导之以行，绝不放弃他们。同时，我也会经常地对学生的表现进行一些评比，使他们友好地竞争，并奖罚分明，督促他们时时不忘培养学习的好习惯。如果老师能够常抓不懈，大部分的学生都能战胜坏习惯，养成良好的学习习惯。

以上所述是我在培养学生良好的语文学习习惯过程中的一些体会。经过三年的训练，学生都能不同程度地养成良好的学习习惯，从而大大提高了语文学习的效率，也为他们日后的再学习打下了良好的基础。

智慧……
……之光

# 作文教学的延伸性和辐射性

作文教学是一种综合性的训练活动。中学习作是一种从外到内的吸取与从内到外的倾吐的复杂的动态过程。在作文教学的实践活动中始终存在着纵横发展和循序渐进的趋势。中学生从信息的接收和材料的占有及使用看来，有横向发展的特征，因此说，中学生作文教学有辐射性。从信息的输出的转化过程中来看，学生内在潜力越大，思想素质越高，表达的情境和事物就越准确越深刻。从这个方面来说作文教学还隐有向纵深发展的趋势，具有延伸性。

**一、作文教学的辐射性**

中学作文教学首先是让学生在了解科学知识、认识万事万物的基础上，把所学到的知识和所认识的事物应用到写作实践中去，以此提高他们的表达能力、认识事物和分析事物的能力。如果眼界狭窄、认识肤浅，就不可能写出好的习作，所以说，观察事物和感受生活是写好作文的基础，为此必须引导学生广泛而又深入地观察自然、社会、人生和万事万物，这就要求教师在作文教学中要善于全方位地引导学生观察和感悟社会生活。

（一）作文教学与听说训练结合起来，注重激励性教学。从听到说再到写是科学的切合实际的作文教学程序。说的条理与思维、说的内容与语言、说的目的与方式，都与习作的内容与形式相一致。所以在作文教学中教师要激励学生多说，以此训练学生思维的条理性和灵敏性。同时还要鼓励学生多写作，进行实际练笔，这样就能顺利地从口头语言过渡到书面语言，以达到练笔的目的。

（二）作文教学与阅读教学结合起来，注重描红性练笔和鉴赏性教学。阅读教学的目的有两个方面：一是从中受到教育获得知识；二是借鉴写作方法获得写作技巧和写作常识。中小学课文大多是名家名篇，是典范的现代白话文，无论是主题的表现、题材的选择、结构的安排、语言的运用，还是构思、行文、运笔都具有鉴赏性，故此，在阅读教学中要渗入作文教学意识，引导学生自觉地鉴赏作文模仿写法，在阅读教学中提高学生的写作能力。

（三）作文教学与课外活动结合起来，注重实践性教学。笼子里放不下雄鹰，只有在蓝天下雄鹰才能展翅翱翔。纸上谈兵永远造就不出真正的将军，同样封闭、狭窄而单调的课堂也不是知识的殿堂。要打开窗户让学生看看外面的世界，深入到沸腾的社会生活中去，写自己亲身经历的感受深切的事物，思维才会活跃，思维认识才会深刻。教师要在具体指导中变空泛的写作课堂为实践活动，充分发挥作文教学中的实践性功效，启发引导学生进行自主作文训练，提高写作能力。

（四）作文教学与其他学科教学结合起来，充分体现作文教学的综合性特点。学生习作中所表现的内容应该是丰富而复杂的，不仅仅都是自己系亲自去做的事，就材料来源而言它涉及直接与间接两个方面，诸如古今中外、天文地理、人事面貌、文史哲理等。如果在习作教学中能正确把握综合性特点来引导学生表达千姿百态的大千世界，那么学生也就会写出丰富多彩的习作内容来。因此教师在作文教学时要有综合意识，指导学生不断提高作文水平。

（五）作文教学与社会生活结合起来，注重领悟性指导。习作生命的源泉是社会生活，何其芳说："生活是海洋，里面有无穷的宝藏。"中小学生作文主要是帮助学生解决"写什么"和"怎么写"这两个问题的。作文教学与社会生活结合起来，是解决"写什么"的，随之而行的应是使学生观察社会生活、观察万事万物，捕捉事物和形象，感受和认识社会生活、领悟生活，从而悟出道理，丰富写作材料，这样才不会出现千篇一律、千人一面的空洞的习作。只有将作文教学与社会生活结合起来，学生习作与社会实践联系起来，深入到社会生活中去感悟、思考，就能写出内容丰富的习作。

**二、作文教学的延伸性**

中小学生习作是一种从内到外的自由表达，而教师在教学过程中就是启发和引导学生如何将自己的内心感受和领悟准确地表达出来，如何将内在的语言转化为外在的语言，如何将思维活动条理清楚地表述出来，展现在读者面前。教师除了引导学生实现这个转化外，其他还隐含着从外到内的延伸教育。

（一）深入开展思想教育，紧抓作文教学规律。中小学作文教学是一个由简单到复杂、从低级到高级、从片段到整体、从肤浅到深刻的循序渐进的过程。无论是材料的辨析与取舍，内容的单一与丰富，主题的深刻与浅显，结构的精巧与平庸，词语的丰富与贫乏，都体现着不断深入的趋势。习作没有止境，作文教学也没有止境。在作文教学中要注意培养学生良好的行为和品质，培养学生丰富的思想感情，没有感情这个品质，任何笔调都不可能打动人心。教师在作文教学中要注意引导学生以情动人，寓教于情，教学生写出具有思想灵魂的作品来。

（二）作文教学要正确地引导学生认识事物，分析事物。如果在作文教学或学生习作中解决了"写什么"的问题，那么，不善于引导学生分析事物就不能解决"为什么写"的问题，这样写出来的习作，虽有内容，却缺少思想；这样写出来的文章是盲目作文，为作文而作文；这样写出来的文章就不深刻，不新颖。所以在作文教学中要注重对学生进行认识事物、分析事物的引导。只有这样，让学生把事物看深看透，才能够得心应手地表情达意，才能够准确地反映出事物的内在规律，从而写出上乘的佳作。

（三）作文教学要注重审美情趣的培养。教师要在作文教学中培养学生的审美情趣，无论是社会环境、校园环境，还是自然环境，教师都应想法为他们创设感受美和认识美的契机，引导学生认识、体验和感受美。培养他们乐观向上的思想情操，使他们看到光明，看到未来，看到美好，从而培养他们正确的人生观和世界观。

（四）作文教学要注重情感教育。人非草木，焉能无情，感人深者莫先乎情。如果在习作中取掉"情"字，习作只会是一览无余的半碟凉水。文章的思想是通过情来体现的，它是文章的先导，如果没有情就很难体现出习作的思想内容。赞成或者反对，歌颂或者揭露就都无从说起，因此说情感教育贯穿在作文教学的始终，如果学生感受得深刻，爱憎分明，就能写出富有情感的有血有肉的习作来。

（五）作文教学更注重做人教育。中小学生的习作虽然处在练习阶段，但孩子的内心世界可以通过他们的习作得以闪现。在作文教学中有针对性地对学生进行做人的教育是非常重要的，学校的一切教育，都是为了转变学生的思想。教师不但要在阅读教学中，而且在作文教学中都要自始至终地进行育人教育。这样才有利于作文教学的提高，也有利于对学生的全面培养。

  作文教学中的延伸性是双向的，它既有以育人为目的的思想内容的延伸，也有知识技巧技能的延伸。只要我们多层次、多角度、多方面地开展作文教学活动，注重作文教学中的辐射性和延伸性的特点，培养学生良好的写作习惯，就会不断提高中小学生的作文能力，我们的作文教学就会收到事半功倍的效果。

# 教学生放手作文

进入 21 世纪后，面对培养有创新意识和创造能力的高素质人才的挑战，我们的作文教学该如何跳出某些习惯的框框和固定的偏见，把学生放在主体位置上，让作文教学变成个体激发、培养创新意识和创新能力的过程，使素质教育落到实处呢？教学实践给我的体会是：教师只有把自己放在导演的位置上，学生才是舞台上的演员。

## 一、放手做

新大纲要求："指导学生作文要从内容入手。"而学生的作文内容又是来自对生活的观察、体验和分析。叶圣陶先生曾形象地指出："生活就如源泉，文章就如溪水，泉源丰盛而不枯竭，溪水自然活泼流个不停。"所以，除课堂上"放手"进行创造性的师生表演外，还应"放手"让学生走出教室、走出校园、走向实践的大课堂。熟悉生活，用慧眼去追寻，用双手去实践，感悟生活的甘甜，感知大自然的神奇与美妙，明白人间的真情与爱心。引导他们多参加各种有益的活动，如"小制作、小发明"活动、"募捐献爱心"活动、"科技制作"活动、"读书读报"活动，演奏、歌舞、书画、写作、朗诵、演讲以及多种游戏活动等。这样，通过学生的耳闻目睹，亲身实践，不仅丰富了写作素材，使他们提笔就觉得有话可说，而且身心得到了锻炼，陶冶了性情，对培养学生的创新意识、创造能力、自理生存能力，都十分有益。习作时，才能进入叶老所述的"语语摹其形，语语传其情"的写作境界，才能有独到之见，有所创新。

## 二、放手读

阅读与写作是两种相互制约、相互联系的能力。读是知识的积累，是内在的吸收；写是知识技能的运用，是外在的表达。读是写的基础，只有"厚积"，才能"薄发"。因此，必须"放手"让学生大胆阅读，博览群书，开阔视野，积累知识，丰富语言材料，培养观察、认识创新的能力。同时，引导学生走进生活，向人民群众学习语言。

为了提高阅读效果，还应提出阅读要求，让学生有目的地去读，比如读书要做到"四学"：1. 读中学观察；2. 读中学选材；3. 读中学布局；4. 读中学表达。读得多，见识广，作文时就能旁征博引，谈古论今，写出生动、新颖、富有创造性的文章来。

## 三、放手说

学生经过"放手做""放手读"，可以积累大量的写作素材。按照学生的认知规律，习作前，先"放手"练说，是一个重要的环节。而且新大纲也指出："作文教学应该从说到写，从易到难，循序渐进。"可见，说是写的前提，也是写的基础。一般情况下，说得好，也就能写得好。几十个学生一起说，相互启发，会产生形成创造性思维的智慧火花。因此，教师要"放手"让学生养成在动笔之前先练说的好习惯。那么，让他们说什么呢？可以说命题、说中心、说选材、说布局、说内容、说开头、结尾……说的形式也可以多样：自己说、同桌说、小组说、指名说、表演说、说局部、说全篇……

对于学生的口头说（口头作文），教师应热情鼓励，特别是对那些富有新意，敢说出带有独创性见解之语，哪怕是一个词说得好，一句话说得对，一种观念有新意，都要报以鼓励的掌声，给予肯定。这样，学生才会畅抒胸臆，敢说、爱说，为写出富有创意的文章，奠定良好的基础。

**四、放手写**

社会生活是丰富多彩的，学生的作文又是社会生活的反映。因此，开始作文，要求不易过高、过严，控制过死，应当鼓励学生树立信心，放下包袱，"大胆"去写，怎么想就怎么说，怎么说就怎么写，提倡写"放胆文"。

（一）放内容。初学习作的学生，不知道作文是怎么一回事，到底写什么，怎么写，哪些该写，哪些不该写，难以下笔，往往产生畏难的心理。针对这一点，教师用富有启发和鼓励性的语言激发写作兴趣，解除顾虑，鼓励他们放开胆子去写，想写什么就写什么，想怎么写就怎么写。只要敢动笔，爱动笔，就能发挥他们的个性特长，显露他们的创造才能，只要他们写出东西来，就应给予表扬、肯定。

（二）放体裁。经常让学生按一种文体去写文章，反映社会生活，久而久之，学生会感到乏味无新意，因而会产生厌写的心理，不利于发展学生的创造能力。那么，能不能"放手"让学生试着写各种文体的习作？如诗歌、儿歌、童话、剧本、寓言、微型小说等。同样的内容可用记叙文写，也可以用诗歌写；同样的主题可用寓言写，也可以用童话写……实践证明，这样不限文体地"放手"去写，学生兴趣浓，思维活跃，创造意识和创造能力会得到充分的显示，对发展学生个性特长，培养创新意识、创新能力很有帮助。

(三）放形式。在作文过程中，应不拘形式，"放手"让学生爱憎分明去写。可按事情的发展顺序写，也可以倒叙、插叙，或在散文中夹诗歌，或者引述改转述，或写实、或想象……都要大加赞赏。

**五、放手评**

评习作是习作教学的重要环节，它不仅能使学生体会到成功之乐，掌握成功的"诀窍"，而且能互相取长补短，激发写作积极性，创新能力、认识能力均能得到一定的提高。因此，要"放手"让学生来评，可采用自评、互评、同桌评、小组评、全班评等多种方式，调动学生的作文积极性。

**六、放手改**

学生评议完习作后，要"放手"让他们修改。老师应教给他们一些常用的修改符号和修改方法，然后以自改、互改、小组改、全班改等形式，启发学生"放胆"去改。通过改题目、改布局、改开头、改内容、改结尾、改遣词造句、改标点符号……学会增、删、调、换的修改方法。修改之后，还可以通过互相加"评语"，达到扬长避短的目的。

这样放手让学生去改，不但使学生的习作信息及时得到反馈，而且充分体现以学生为主体的教学原则，对培养学生的自学能力、创造能力是很有利的。

"六放手"的作文教学，不仅多角度、多层次地拓宽了学生的生活领域，有利于提高写作兴趣和习作水平，而且融思想教育、社会实践、自理能力、语言表达能力、创新能力等多种能力为一体，全方位地培养了学生的创新意识和创造能力，使素质教育落实到位。

# 品味《孔乙己》中的"笑"

《孔乙己》是一个充满笑声的悲剧,全篇以笑贯穿,让孔乙己在笑声中出场,最后在笑声中离开生活舞台。鲁迅先生通过孔乙己艺术形象的刻画,既是对孔乙己性格的批判,也是对社会的冷酷、群众的麻木的批判,更是对罪恶的封建制度的有力鞭挞。

《孔乙己》中的"笑"大致可分为孔乙己的"可笑"和别人对孔乙己的"取笑"两类。

孔乙己的"可笑",是因他受封建教育的毒害,被科举制度的摧残,不会营生、迂腐麻木、假斯文,他的相貌、行动、语言都显得可笑。首先,表现在他外貌的奇特和思想的迂腐上:孔乙己是酒客中唯一的读书人"站着喝酒而穿长衫的唯一的人","身材高大,青白脸色,皱纹间时常夹些伤痕;一部乱蓬蓬花胡子,穿的虽然是长衫,可是又脏又破,似乎十多年没有补,也没有洗"。单从这肖像上,可以看出他是一个颓唐不堪、迂腐的书呆子。穷得将要讨饭了,却不愿意抛弃那件"破长衫",还摆出"读书人"的一臭架子,满口的"之乎者也",以示自己比别人高明几分,可是别人不但不把他放在眼里,反而借此逗笑取乐。其次,孔乙己的"可笑"还表现在他的好吃懒做的生活上:不会营生,好吃懒做,生活越过越穷,弄得将要讨饭的地步,他虽能写

智慧……
……之光

出一手好字，原可以靠抄书糊口，可惜寄生的本性难改，养成偷窃的恶习。作者写孔乙己的"可笑"实质上是对封建文化和科举制度的尖锐嘲笑和讽刺。

孔乙己周围的人的"取笑"可以分为三类：一是掌柜的自私、卑劣的笑；二是小伙计的解脱的附和着笑；三是众人的麻木不仁的笑。

掌柜是剥削阶级人物，他对孔乙己的取笑，是对受苦人的玩弄和欺凌，是带有明确目的性的。他的"笑"送给他的"上帝"——长衫主顾，这些长衫主顾在这种快活的空气里，要酒要菜，慢慢地吃喝，在这不经意中钱就慢慢地进了掌柜的腰包。掌柜的笑是自私的、卑劣的，是他生存的手段，赚钱的方式。

小伙计他的"附和着笑"。他头脑是清醒的，而行为上又不得不从众。他的地位和处境，决定了他没有资格去嘲笑孔乙己。当孔乙己与小伙计直接谈时，考他写字，小伙计觉得讨饭一样的人不配来考；当孔乙己认为"将来做掌柜时，写账要用"时，小伙计他清楚地认识自己与掌柜的等级差得很远。在众人都哄笑时，他也可以"附和着笑"，这时候他笑，"掌柜是绝不责备的"。小伙计处在"无聊，教人活泼不得的"环境里，"笑"也是一种解脱。

而取笑孔乙己的人大多是短衣帮的劳苦大众，按理说应对孔乙己同情，但在人们的心目中，不能尽学"连半个秀才也捞不着的人"应该受欺凌和嘲笑。所以孔乙己是他们寻开心、解闷取乐的工具，在短衣帮看来，只有引起了对方的不快，心里才痛快，当孔乙己一出现，人们就借其脸上添了新伤疤进行挑逗，由于没引起孔乙己的回应，就感到不过瘾；就又有人故意高声嚷道："你一定又偷人家的东西了。"使得孔乙己睁大眼睛，涨红了脸，额上青筋条条绽出与对方争辩。争辩结果，反招来进一步的揶揄，人们将孔乙己偷书被吊打的劣迹也抖将出来，引起众人的哄笑，满足了他们空虚的心理。这些挑笑引起了孔乙己内心的痛苦，给短衣帮们带来了精神上短暂胜利的享受。

当孔乙己喝过半碗酒。涨红的脸色渐渐复了原。众人的快感也渐渐消失，其心境又恢复到无聊的状态，也需要有新的刺激和快感了。于是开门见山地故意奚落孔乙己："孔乙己，你当真认识字么？"又问："你怎么连半个秀才也捞不到呢？"这使得孔乙己始而自傲地"显出不屑置辩的神气"，继而终于"颓唐不安"，接着便是满嘴语无伦次的"之乎者也"起来。孔乙己难堪、窘迫到了极点，众人见此便都"哄笑起来"。众人的笑是有意识的，是恶意的，是病态社会的病态心理的反映。

可以说封建文化和封建教育是吃人的文化和教育。他在吃掉孔乙己的同时，也吃掉了无数小伙计、酒客和掌柜，封建文化和教育将人们的人性扭曲得不成样子。用笑来写孔乙己的悲剧，更使人感到封建社会的黑暗、悲凉，更沉重地鞭挞了罪恶的封建制度，并"揭出病苦，引起疗救的注意"，产生特殊的艺术效果。

# 议论文的"三论"

各种文体的文章结构安排，复杂多变而又各有特点。议论文是议事说理的文章，所以它主要按照事理的逻辑联系来结构文章。议论文的结构一般分为引论（绪论）、本论和结论三个组成部分。这就是通常所说的"三段论"形式。引论部分提出论述的中心论点或中心问题，引起读者注意。本论部分分析问题，是论证部分，是全文的主体。结论是解决问题的部分，这一部分或者归纳论点，或者总结全文，或者明确任务，提出办法等。如《改造我们的学习》结构：

引论：开头的一句话，提出全文的中心论点：改造我们的学习（方法和制度两个方面）。

本论：中间三段。围绕"理论和实际统一"这根线进行具体分析，说明改造的理由。

第一部分，肯定了二十年来的成绩，借此说明"理论联系实际"的必要性。

第二部分，分析现状，提出党内还存在主观主义的学风，以此说明学习必须改造。

第三部分，对比两种学习态度，进一步证明必须坚持"理论联系实际"的学风。

结论：第四部分，提出改造学习的方法和学习制度的具体建议。

议论文的引论、本论和结论，大体说来就是文章的开头、正文和结论。在表达上，它们没有固定的模式，全在于作者的灵活运用。下面我们介绍一些常见的方法供写作学习时参考。

1. 引论

引论，是议论文的开头部分。也就是提出问题的部分。这一部分的主要任务我是提出问题、明确中心论点，让人对文章论述的问题，有一个初步了解并引起注意。常见的开头的方法有如下几种。

①开门见山，直接提出中心论点。例如《改造我们的学习》一文开头写道：

"我主张将我们全党的学习方法和学习制度改造一下。"

开宗明义，一语破的，提示全文中心论点。

②说明论述范围，概括主要内容。如《义理、考据和辞章》开头说：

"从前有人说，做学问，写文章要从三个方面下功夫，那就是义理、考据和辞章。我们现在可以借用这种说法来谈谈写文章的问题。

"义理和考据，是属于文章内容方面的问题。在我们说来，讲究义理就是要求观点正确，论据充分；讲究考据就是要求材料准确，辞章是属于文章形式方面的问题。在我们说来，讲究辞章就是要求适合于内容的完美的形式。"

这个开头指明了义理，考据和辞章的来源和各自的含义，又概括说明了三者的关系，这样既照应了文章的题目，又限定了论述范围，大体交代了本文的主要内容。

③设问开头，引人思考。如《什么是知识》：

"什么是知识？自从有阶级的社会存在以来，世界上的知识有两门，一门叫作生产斗争知识，一门叫作阶级斗争知识。自然科学、社会科学，就是这两门知识的结晶，哲学则是关于自然知识和社会知识的概括和总结。"

④说明写作背景，交代写作原因。如《实践是检验真理的唯一标准》一文开头说：

"检验真理的标准是什么？这是早经无产阶级的革命导师解决了的问题。但这些年来，由于'四人帮'的破坏和他们控制下的舆论工具大量的歪曲宣传，这个问题被搞得混乱不堪。为了深入批判'四人帮'，肃清其流毒和影响，在这个问题上拨乱反正，十分必要。"

这个开头，常见于权威性的文章，解释政策，阐述根本性方针大计问题，具有较为严肃的色彩。

⑤从引经据典或叙事中开头。如《谈骨气》开头写了：

"我们中国人是有骨气的。

"战国时代的孟子，有几句很好的话，'富贵不能淫，贫贱不能移，威武不能屈，此之谓大丈夫'。意思是说，高官厚禄收买不了，贫穷困苦折磨不了，强暴武力威胁不了，这就是所谓大丈夫。大丈夫的这种种行为，表现出了英雄气概，我们今天就叫作有骨气。"

引用了孟子的话，继而解释，给有骨气做说明。

鲁迅在他的《致雷峰塔的倒掉》一文的开头就采用叙事的方法：

"听说，杭州西湖上的雷峰塔倒掉了，所说而已，我没有亲见。但我却见过未倒的雷峰塔，破破烂烂的掩映于湖光山色之间,落山的太阳照着这些四近的地方,就是'雷峰夕照',西湖十景之一。'雷峰夕照'的真景我也见过,并不见佳,我以为。"

这种开头的方法,多为小评论,读(观)后感所采用,易于学习运用。

⑥提出批判对象,竖起靶子。一些驳论文章,常采用这种开头方式。如《中国人失掉自心力了吗?》开头是这样的:

"从公开的文字上看起来。两年以前,我们总自夸着地大物博,是事实;不久就不再自夸了,只希望着国联,也是事实;现在是既不夸自己,也不信国联,改为一味地求神拜佛,怀古伤今了——却也是事实。

"于是有人慨叹曰:中国人失掉自信力了。"

先摆出敌方论点,继而进行严正地分析批判。

除以上所说的开头方法之外,还有在对比中开头的,如《反对自由主义》等,总之,开头应是鲜明醒目的,应是能引起读者兴趣的。

2. 本论

本论是议论文的分析问题部分,这一部分要求论证层次必须有严密的逻辑性。作为论据的材料如何合理安排,论述的先后次序该怎样布局,如何使观点和材料形成一个有机的整体,全是本论的任务。

本论的安排有下列几种形式:

①并列式。并列式的特点是正文的各部分,各层次之间的关系是并列的,从各个不同的角度来说明论点。例如《在马克思墓前的讲话》,本论部分从三个方面论述马克思对共产主义运动的伟大贡献:A. 写马克思的两个伟大发现,一是人类历史的发展规律,二是剩余价值规律,从理论方面说明他是伟大的思想家。

B.写马克思撰写文章、办报纸、创立国际工人协会，从实践方面说明他是一个伟大的革命家。C.写资产者对马克思的诬蔑和仇视，写无产者对马克思的拥护和爱戴，从不同阶级对马克思的截然相反的态度说明他是无产阶级的伟大导师，这三个方面共同说明一个中心，而它们之间的关系则是并列的。再如《悼列宁》，中心是论述列宁主义的基本内容，文章就采用并列式论述方法，分别从维护党的纯洁和统一，巩固无产阶级专政，坚持无产阶级的国际主义等几个方面歌颂了列宁的伟大贡献，这样就使列宁主义基础得以条分缕析地说明。

②推进式。这种论述方法如同剥笋，层层深入，直至真相大白。如《"丧家的""资本家的乏走狗"》一文，鲁迅采用阶级分析的方法，先揭露梁实秋之流"资本家走狗"的本质："见到阔人就驯良，见到穷人就狂吠"，然后根据梁的自供：我不知道主子是谁，证明他是"丧家的""资本家的走狗"；最后揭露他的无耻的告密手段和阴险用心——企图借刀杀人，撕下了他的"文艺批评家"的外衣，证明了他的黔驴技穷——"乏"。这样层层深入，步步推进，就把反动文人梁实秋的丑恶面目暴露无遗了。再如周恩来的《要改造一下民主风气》，着重论述艺术的民主问题，全文也用推进式论述方法，开始是指出现在民主作风不够，这是不好的；继而针对不让人讲话的"一言堂"弊病，阐明"我们所发表的意见，都允许大家讨论、商榷"的道理；最后集中分析批判"五子登科"（套框子、抓辫子、戴帽子、挖根子、打棍子）的坏风气，说明只有去掉"五子登科"的坏风气，民主风气才能建立。全文语重心长、平易近人，在娓娓的交谈中逐层深入地讲清了道理。

③并列和推进的结合式。这种方法多用于篇幅较长的文章中。

一篇文章采用哪种方式，主要根据内容的需要决定，不是一成不变的。

3. 结论

结论，是议论文解决问题部分，结尾的方式大致有以下几种形式：

①总结全文，突出论点。如《拿来主义》结尾："总之，我们要拿来。我们要或使用、我存放、或毁灭。那么，主人是新主人，宅子也就会成为新宅子。然而首先要这人沉着，勇猛，有辨别，不自私。没有拿来的，就不能成为新人，没有拿来的，文艺就不能自成为新文艺。"结尾共5句话，对全文进行总结，说明"拿来主义"者应该具备的条件和对外国文化的态度、原则。点明全文中心"拿来"。这样，加深了读者印象。

②照应前文，首尾呼应。如《太阳的光辉》，开头指出共产党人应该认真对待工作中的缺点和错误，认真开展批评和自我批评。结尾再次提出希望："我们不但议论我的成就，并且也要议论我们的缺点和错误。也希望有些同志不但要善于听取别人议论成就，也善于听取别人议论缺点和错误。"首尾照应，意味深长。

③发出号召，明确任务。如《善于建设一个新世界》一文，结尾从中心内容出发，号召大家"完成重新学习的伟大任务"，干部带头钻研，成为内行，担负起历史重任。语重心长而又信心十足，很令人振奋。

如前所说，议论文的开头结尾和正文的安排，没有一成不变的模式，选择哪种结构方式完全根据内容需要，出于自然，千万别照搬套用，闹出蹩脚的笑话来。

智慧……
……之光

# 动作细节的描写

　　动作细节的描写，也是刻画人物的手段之一。道理并不难理解，只要注意观察一下，就会发现，性格不同的人物，他们的动作也不相同。有的粗鲁、豪放，有的文雅、细腻，即便同一个人，随着情境变化和情感的起伏，其举手投足的特点，也都发生着变化。例如，救火时迅速奔跑，逛公园时悠闲漫步，等等，不一而足。这说明人物的动作，同人物的性格特征、情感活动有着十分密切的关系。如果我们把人物举手投足的细节真实地加以描绘，不就可以生动地表现人物在一定情境中人物性格和情感吗？肖复兴在《心中的花》一文中，就是通过小姑娘的动作细节，来展示她的内心世界的：

　　忽然寒风吹走了松树围屏上一朵小白花。小白花飘呀，飘呀，正巧飘到一个小姑娘的跟前。小姑娘也就五六岁的样子，正依偎在妈妈的怀里，她立即跑来，捡起这朵小白花，用小嘴轻轻吹了吹，又用小手小心地擦了擦，然后跑到松树围屏前，踮起脚尖，把小白花扎在松枝上。

　　"立即跑来""捡起""轻轻地吹了吹""小心地擦了擦""跑到""踮起脚尖""扎"这些动作细节很真实，也就是说，它符合小姑娘的特点，而且很生动，那就是说，它不仅告诉读者小姑娘在做什么，同时让读者能"看到"她怎样做的。小姑娘对敬爱的周总理深切的怀念和纯真的热爱，虽不着一字，却跃然纸上。倘若我们忽视了这些传神的动作细节，写作"她捡起这朵小白花，又把它扎在松枝上"，那就只能告诉读者她做了什么，而不会告诉读者她是怎么做的，其生动性削弱了，所蕴含的情思也淡薄了，读者索然寡味。

人物的动作是客观存在的，如何将那些生动的细节描绘出来，成为人物形象的组成部分，是值得研究的一个问题。那些给人留下深刻印象的动作细节描写，似乎都具有以下两个特点：

（一）合情合理，真实可信

人物的动作既受性格和情绪的支配，又受一定情境的制约。动作细节描写，就不能不考虑性格、情绪和情境三个因素，在这三个因素的支配和制约下一定会发生的动作，是真实可信的，因为它既合情，又合理。我们看看《林教头风雪山神庙》课文中，对林冲的动作细节描写：

林冲看那三人时，一个是差拨，一个是陆虞候，一个是富安。自思道：天可怜见林冲！若不是倒了草厅，我准定被这厮们烧死了！轻轻把石头掇开，挺着花枪，左手拽开庙门，大喝一声："泼贼哪里去！"

这里的动作细节描写得真实，可从两个方面看出：一是合乎情理。前文曾写到"（林冲）入得庙门，再把门掩上。旁边有一块大石头，掇将过来靠了门"。后又写到三个人用手推门，却被石头靠住了，再也推不开。这就为后面动作的产生做了铺垫。若是没有大石头靠了门，或者虽有，但三人一推便开，那后面的三个动作，就不会产生了。二是合乎情理。林冲要杀三个"泼贼"，定要开门，要开门，必先搬开石头，怎么搬呢？他虽然怒火中

第四章 立论篇 123

烧，但不像李逵似的粗鲁，作者用"轻轻"来形容"拨开"的动作，以免打草惊蛇，见出林冲的精细；后写"挺着花枪"，一个"挺"字，怒不可遏的神态，活灵活现；最后才"拽开"庙门，写出又猛又快的动作，使三个"泼贼"大为惊愕、措手不及。这三个动作，既符合其性格特点，又合事理又合情理，而且选择了恰切的形容词和动作来表现，使人感到是真实可信的。

（二）生动形象，令人难忘

在合情合理地选择动作细节的同时，就要考虑如何用语言生动形象地把它表现出来，收到令人难忘的艺术效果。

有时，作家在动词的选择上倍用功力，反复推敲，用富有表现力的动词，表现人物的动作。比如，鲁迅在《药》里，写老拴把钱装入衣袋时"按了两下"，老拴走到刑场，又"按一按"，这是个很平常的动词，而用在此时此刻的老拴身上，都如此恰切，似乎别的动词难以替代。它把老拴小心翼翼的神态写得栩栩如生。

有时，作家运用一些修辞手法，使人物的动作更加鲜明突出。比如鲁迅在《祝福》里的一段描写：

"你放着罢，祥林嫂！"四婶慌忙大声说。

她像是受了炮烙似的缩手，脸色同时变作灰黑，也不再去取烛台，只是失神地站着。

这里写祥林嫂"缩手"的动作细节，用了比喻的方法，如果直写"她便缩回了手"。试想，哪种方法能使"缩手"的动作更鲜明、更突出呢？显然是用比喻的方法。它使读者由"受炮烙"时的经验，联想到祥林嫂"缩手"的迅疾，把她遭到意想不到的猛然打击时，那种巨大的震动和非常的惊恐，形象化了，给人以极为深刻的印象。再如，《范进中举》这篇课文里对胡屠户的描写：

范举人先走，屠户和邻居跟在后面。屠户见女婿衣裳后襟皱了许多，一路低着头替他扯了几十回。

后面这句话显然是夸张的说法。用数量词将屠户"扯"皱褶的行为扩大，一副丑陋的市侩嘴脸描绘得何等鲜明、何等形象。好像一幅辛辣的讽刺画，总是浮现在我们跟前。要是不用夸张而用平语描写，说"低着头替他扯了又扯"，相比之下，不论动作的生动性、形象性，还是讽刺性，都大为逊色。

根据动作细节的特点和描写的目的，还可以采用其他的修辞手法。例如鲁迅写"孔乙己"，先是"排出九文大钱"，后来则"摸出四文大钱"，对比中，两个动作更突出了。再如老舍写"祁老人"的一个动作，"祁老人越要快而越慢的走出来"，用心里想"快"衬托实则却更慢的"走"的动作，把老年人力不从心的步态，写得何等生动。

综上所述，动作细节的艺术感染力，来自在真实的基础上的生动描写。而生动的描写，又离不开情节的巧妙安排和动作细节的恰当选择。看来，运用修辞手法的种种手段，应该同构思的过程联系起来，而且有机地统一起来，才能最大程度地发挥其作用。

智慧……
……之光

# 加强说理性，写好议论文

　　记叙文的特点是以情动人，议论文的特点是以理服人。所以写议论文的训练应该把道理讲清说透放在首位。我们在教学过程中经常碰到的情况是，学生们往往只能罗列事例证明论点，而不会据理分析，更不会联系实际深化论点。怎么办呢？最重要的当然是加强理论学习，提高思想水平，增强分析能力，此外，还可以从以下几个方面入手来加强说理性。我们的体会是：

　　1. 选择好论据

　　选择论据直接关系到文章的说理。一篇好的议论文，它对论据的要求应该是：充分、对号、真实、典型、简明。

　　充分，就是所用的论据要有一定数量。不是说论据堆砌得越多越好，但如果全篇文章只有个把论据，显然会让人感到作者的立论根据不足，或使人感到作者所持的观点只是依据个别现象而得出的结论，不带有普遍意义。所以，写议论文时应注意论据的数量。

　　对号，意思是论据要同论点一致。学生作文中论据同论点明显不一致的情况并不常见，常见的现象是乍看对上号了，而实际上并不对号，似是而非。比如有人用司马迁写《史记》花了十年时间，马克思写《资本论》辛苦了四十年等事例来证明"要珍惜时间"这一论点。粗一看，论据与论点好像是一致的，实际上这些例子只能证明"要取得好成绩，非下功夫不可"这个论点。那么要确保论据与论点对号，应注意什么呢？①把事情的因果关系说清楚；②引用要力求完整、准确、贴切；③通过概述把事例中有用的部分突现出来；④引用之后稍加分析，使引用的事例与论点相符。

真实，是指引用的材料是真的，经得起查对。只有真实，才能使人信服。有人任意夸大数据，说"爱迪生试制电灯泡达上万次"；有人随意编造事例，说"王昆为了发现青年歌手郑绪岚，跑遍了天津的大街小巷"；有人张冠李戴，说司马迁经过了多年的努力，写成了《本草纲目》；有的人还爱用故事片中的虚构情节作为论据。凡此种种，都反映出这些同学不懂得论据失真就无法服人的写作道理，表现了一种马马虎虎不负责任的写作态度。

典型，指的是论据应具有代表性。有的事例虽然也真实，但由于鲜为人知，或只是个别现象，这样就不能反映事物的本质，因而没有典型意义，不具代表性。要保证所引用的材料具有真实性和典型性，一定要注意平时的积累，否则，临渴掘井，写作时就会感到肚里空空，穷于应付了。

简明，是指作为论据的材料应高度概括，做到言简意赅，防止铺叙过长。学生们写惯了记叙文，因此写议论文时，对引用的事例有时把握不住，往往失之过长，以致以叙代议，喧宾夺主，有写成记叙文之嫌。克服这种毛病的关键在于弄清楚议论文引用的事例是为了说理提供依据，明白了这个道理，再经过一定的练习，引用的材料是完全可以做到简洁明了的。

2. 要注意条理

论据选择好以后，有一个结构安排问题。也就是先说什么，后说什么，各论据之间如何衔接、过渡、都应该心中有数。而我们有些学生的议论文常犯的毛病是思路紊乱，给人以东拼西凑之感。怎样才能使条理清晰呢？我们认为把握好各层之间的关联很重要。常用的方法有：①拎出总领句或小结句，总领句和小结句都是概括某个段落或自然段的内容的句子，不同的是前者放在段落或自然段的开头，而后者是放在段落或自然段的末尾。这两种句子都能帮助读者较快地看情段落或某自然段的大意，从而较快地把握全文的内容。②运用没问句，提醒读者注意，启发或引导读者按作者的思路去理解文章的内容。③使用过渡句。如果说设问句像路标，那么过渡句则像火车上的自动挂钩，起承上启下的作用。所以用过渡句，不仅能使文章结构严谨，而且能使文章脉络分明。

3. 讲究论证方法

论证方法是很多的，在中学课本里多有涉及，教师在课堂上都有所展示，学生也有所体验。而我们的学生在用论证方法时一般都比较单一，不少学生不论碰到什么题目，都不加区分地一律采用例证法、引证法。实际上，生活的问题是纷繁复杂的，我们要因题而异、灵活掌握。比如说，相同的论点和论据，采用不同的论证方法写，效果会有所不同。我们应该多方面地没想一下，采用那种效果最佳的方法写，这样就不会落入俗套。当然，一下子掌握许多种方法自然不大可能，但只要多练，经常有意识地变换方法进行论述，那么对比法、比喻法、反证法等的运用，也会逐渐掌握，也就会加强议论文的说服力了。

# 培养学生口语交际能力的策略探讨

在新课改的背景下,语文教学的目的更多是培养学生的知识应用能力,所以口语交际能力的培养成为教师不容忽视的一个环节。但是对于部分农村地区而言,在教育资源上面可能会存在匮乏情况,在这个过程中,很多教师将重点都放在了一些基础知识的教学上,没有以学生口语交际能力的培养作为重点。在这种情形下,影响了学生的综合发展。因此,在现阶段的课堂教学过程中,作为教师,需要综合考虑,选择有效的方式组织口语交际教学,促进学生能力的发展。

**一、研究现阶段农村小学语文教学中口语交际能力培养所存在的问题**

经过研究发现,在现阶段的农村小学语文口语交际教学中还存在一些问题,这些问题的出现进一步影响了学生能力的发展。第一点是针对口语教学尚未引起充足的重视。部分教师认为,学生只需要在学习的过程中掌握自己所讲的内容即可。在这个过程中,口语交际能力的培养并未成为教师所关注的重点。在未引起充分重视的前提条件下,教师没有进行有序的课堂教学规划,影响了学生口语交际能力的提升。第二点是在当前的口语交际教学过程中,教师还未找到有效的方法激起学生在课堂教学过程中主动地进行表达。例如，部分教师虽然会组织口语交际教学，但是在这个过程中，一般是直接设置固定的话题，让学生按照提示去进行表达。在这种教学模式下，其实并未凸显口语交际教学的实际目标。教师只是教学生如何说，但是却并没有让学生面对不同的交际话题时主动地进行探索，没有进一步凸显学生的学习主人翁地位，反而增强了学生对于教学的排斥感。第三点就农村教师而言，在具体的教学过程中，可以运用的一系列教育资源相对还不够充足，并且对于部分教师而言，可能在具体的教学阶段没有较强的创新意识，在组织口语交际教学的过程中没有巧妙借助一些现代化的教学手段。在这种情形下，很难有效达到发展和学生口语交际能力的目标。

**二、探讨农村小学语文教学中学生口语交际能力的具体培养措施**

由以上可见，在现阶段的农村小学语文教学中，关于学生口语交际能力的培养还属于教学难题。因此，在具体的教学环节上，教师需要综合考虑，在有限的教学资源下合理地组织课堂教学，确保学生口语交际能力的综合发展。基于此，下文就围绕着农村小学语文教学中学生口语交际能力的具体培养提出几点可行建议。

（一）转换态度，有序组织口语交际教学

在培养农村小学生口语交际能力的过程中，教师对于学生的引导是至关重要的，如果教师对于口语交际这一板块尚未引起重视，那么教师在具体的教学设计环节不会凸显口语交际能力培养的目标。因此，在现阶段的教育改革背景下，作为语文教师，需要进一步改变自己的教学理念，在教学中转换态度，针对口语交际教学的具体实施进行有效的规划。例如，在语文学习过程中，听说读写四个板块都是不可或缺的，那么除了完成日常的基础阅读和写作训练之外，教师还需要将口语交际板块纳入目前的教学重点。在具体的教学实施阶段，教师可以结合现有的教学内容入手，比如在教学完了一篇课文之后，为了让学生能够有较强的口语表达意识，教师可以直接围绕着课文中的内容来作为话题，引导学生自主进行表达。比如在教学了《蝙蝠和雷达》这篇课文之后，学生可以发现这篇课文主要讲的就是科学家通过反复试验，揭开了蝙蝠能在夜间飞行的原因，并且从这一内容得到了启发，给飞机上装上了雷达，进一步解决了飞机在夜间飞行中的实际问题。那么围绕着这一内容，教师可以引导学生进行思考。比如教师可以让学生结合自己的现实生活进行分析，在生活中有哪些发明是受到了动物的启发？在提出问题之后，学生可以结合自己的生活经验以及自己阅读的一些课外读物来进行分析，从而描述自己的想法。在这种情形下，教师给予了学生充足的口语表达机会，学生之间也可以互相进行探讨。又比如，学生可以围绕着具体的一些生活发明来进行交流，这样也可以为学生创造更多的表达机会，让他们在学习过程中能够更加主动地去表达自己的真实想法。

（二）改变方式，提升口语交际效果

在小学语文教学中进行口语交际教学时，不是说教师直接围绕着话题来带领学生一起进行分析，然后让学生明白在面临不同的口语交际话题时，应该怎么表达。其实，对于小学生而言，他们具备较强的创新思维，所以在课堂教学过程中，教师没有必要选择机械的教学模式来要求学生怎么去说。相反，教师可以以一种更为自由的教学方式来引导学生，让学生在课堂学习过程中能够更加自由地进行表达。例如，在课堂教学过程中，教师可以选择学生感兴趣的一些口语交际话题，然后让学生结合自己的个人想法来自由地进行表达，并且在这个过程中，学生之间可以选择以不同的方式来进行交流。例如，面对不同话题，某些同学的看法可能会存在差异，所以在教学过程中，教师可以设置以辩论的方式来让学生围绕着话题内容进行交流。在这种教学模式下，给予了学生充足的发挥机会，让他们在学习的过程中，能够多角度进行探索，强化学生的学习感受。并且在相互交流的过程中，也能够进一步启迪学生的思维，让学生在面对问题时能够多角度进行考虑。如在教学《爬山虎的脚》这部分内容时，其实是作者针对一些生活中的植物进行了观察，那么在教学了这部分内容之后，教师可以让学生分享自己在生活中比较喜欢的一些植物或者是这些植物有什么样的特点。在这一话题中，学生可以自由地进行探讨，并且结合自己的个人喜好来进行分享和论述。在这种情形下，学生在课堂上就会产生更为强烈的表达欲望。同时，教师还可以对学生进行一些简单的提示，让学生在口语交际表达过程中能够从综合的角度进行思考，更加完整地来进行论述，从而对学生个人口语交际能力的发展起到明显的帮助。由于可以使用的教学资源有限，所以有些学生在口语交际表达过程中可能会存在一些问题，因此，在具体的教学实施过程中，为了让学生能够拥有更多的学习渠道，作为农村教师，需要积极地进行研究，将一些现代化的资源引入到课堂上，为学生提供更多丰富的学习资源，让学生在学习的过程中能够了解到不同的口语交际表达方法以及训练方法，让学生在长期训练和学习的过程中能够不断发展自己的个人能力。

**三、结束语**

综上所述，在农村小学语文教学中培养学生的口语交际能力是教师需要完成的一个重要任务，但在具体的教学实施阶段，教师可以根据农村地区现阶段的教学实况进行综合考虑，引导学生在学习的过程中自由地进行表达，并且鼓励学生大胆与其他同学进行交流，在长期交流和表达的过程中，促进学生个人交际能力的不断提升。

智慧······
······之光

# 激发阅读热情、提高幸福指数

阅读,是语文教学的重中之重,但是,目前不管是课堂阅读教学还是课外阅读,情况都不容乐观。课堂阅读教学教师重分析轻阅读,而课外阅读少之又少,缺乏指导,中小学生的阅读现状不得不引起我们的深思。新课程标准提出:"在教学过程中充分培养学生的阅读能力,逐步培养阅读质量的提高。"由此可见,阅读教学在语文教学中的重要性。但提起阅读教学却成了语文老师最头疼、最不容易解决的问题。在几年的语文教学中就阅读教学谈谈自己的看法。

**一、语文阅读存在的普遍问题**

(一)课堂阅读——"走马观花式阅读"充斥课堂

1. 学生难以真正用心灵走进文本

目前,不少学校语文课堂阅读教学的现状是——走马观花式阅读。学生很难真正做到聚精会神地阅读文本,他们难以真正静下心来,学生的心灵很难真正进入文本。往往是课文读了一遍之后,对于文章的内容和情感一问三不知,更不用说细细品味和体会文章中的字字句句了。所以原本语文学习非常重要的两大板块——阅读与写作,成了学生和老师的"老大难"。不会读,就不会写。没错,当学生阅读过后脑中没有只言片语,何谈积累?

何谈运用？何谈"下笔如有神"？

2. "肢解分析"替代"书声琅琅"

现在语文教育界教学方法满天飞，人们似乎相信，应该有一种以不变应万变的、屡试不爽的方法，通过把文章归类、语段训练等，可以让学生理解天下文章。这在一定程度上也是目前应试教育的产物：如果所教的文章不会用于考试，而用来考试的文章总是隐藏在教师视野之外，那么，应试教育的捷径似乎就存在于，以现有文章为例子，抽象出一些所谓的总体"规律"。读文章本身不是目的，目的只是为了那些所谓的总体规律，甚至干脆扔掉具体文章，去直接传授那些总体"规律"。这使得文章阅读训练，最终成了老师带着学生在肢解文章，在一些套话式的概念里兜圈子：什么"形象生动"、什么"情景交融"、什么"前后照应"，诸如此类，不一而足。这种套话式的所谓规律，成了机械阅读训练的有力推手，成了学生接触各有自身个性的文章的一道屏障。

于是本应"书声琅琅"的课堂成了老师的一言堂。老师按照教参，将一篇篇有着整体美感的经典美文肢解得"面目全非"。学生上完一篇课文之后，得到的不是对于这篇文章的整体的美的感悟和情感体验，而是肢解过后的没有灵魂的枝干。

（二）课外阅读——贫瘠的沙漠如何孕育广漠的绿洲？

很多老师感叹"世风日下"，学生的写作水平"一届不如一届"。学生作文词汇贫乏，语病百出，内容空洞，感情苍白，即使内心有情感，但是无奈手中的笔不给力，绞尽脑汁也表达不出内心的满腔情感。原因何在，归根结底，还是读得太少。现在的中小学生除了语文课本之外，书包中几乎难觅课文书籍的踪影。课外阅读的缺乏，导致学生的语言积累少得可怜，腹内没有

智 慧 ……
…… 之 光

"货",如何"下笔如有神"?贫瘠的沙漠又怎么能期待它孕育出广漠的绿洲呢?

**二、就语文阅读提出几点建议**

(一)课堂阅读——以读促教

1. 课堂上要"书声琅琅"

对于小学生来说,阅读是非常难的一件事,而对于教师的教学工作来说,阅读却又是非常重要的一部分,阅读教学离不开文本。学生不是不会写,而是不愿意读文本,不愿意从文本中找出相关问题的答案,而更多的对文本的理解,则需要学生多次、反复地读文本。因为只有在多次阅读文本的过程中,才能更好地理解作者所要表达的意思及情感,才能更好地回答所要回答的问题。

华东师范大学教育系李伯棠曾这样评价很多老师的课:"还是读得太少!文章是白话文,学生一读就懂,何必分析来分析去的?要留出时间让学生多读课文。"

阅读教学最需要的恰恰是"书声琅琅"。

多读,是我国语文教学中行之有效的传统。李白之所以能"日赋万言,倚马可待",是由于他"六岁诵六甲,十岁观百家"而得之。杜甫之所以"七岁思而壮,开口咏《凤凰》",也是由于他"群书万卷常暗涌"的缘故。这个传统,我们应该继承和发扬。因此,我们在阅读教学过程中,必须重视读的训练,讲读课文一定要以读为基础,要求学生多读熟读。

读书的过程,正是咀嚼、消化、吸收、储备语言营养的过程。古人说:"虽有佳肴,弗食,不知其旨也。"一篇好文章,不经过反复诵读,就不能领会愈深;读到滚瓜烂熟,作者的语言就有可能转化为读者的语言,自己在写作的时候,就会得心应手,运用自如，所谓"书读百遍，其义自现"，"读书破万卷，下笔如有神"，正是这个道理。

"多读"不是简单重复的读，读有质量标准：正确、流利、有感情。所谓"正确"，就是用普通话，发音清楚响亮，不读错字，不丢字，不添字，不唱读，不重复读；所谓"流利"，就是在正确理解的基础上速度接近于说话，避免不必要的重复；所谓"有感情"，就是要读得生动感人，要读出重音，遵守停顿，运用适当的语调，要有适当的速度和节奏。

著名语文教育家叶圣陶这样教我们读课文："无论怎样读，起初该用理论的读法，把文句中一个个词切断，读出它们彼此之间的关系来。又按各句各节的意义，读出它们彼此之间的关系来。这样读了，就好比听作者当面说一番话，大体总能听明白。最忌的事不能分解，不问关系，糊里糊涂读下去——这样读三五遍，也许还是一片朦胧。"

因此，语文老师要加强学生读的指导。精心设计课堂教学全过程，要做到每读一次都要有明确的目的和要求，每读一次就要提高一步。好书不厌百回读，一篇好文章一定要让学生熟读深思，直到背诵。

2. 让学生的思维动起来

我们的语文课堂充斥着填鸭式的教学方式，教师占主导地位，学生别动接受，往往是老师读一句，讲一句，学生听一句，记一句，课文的理解也就是老师的理解，根本没有学生的理解、学生的情感。教师代替了学生的思考，代替了学生思维，课堂上学生思维不转动，如何能吸收到新知识，进而实现由内而外的提升呢？新课程标准提出，要把学生的个性发展放在第一位，要让学生有自己的理解，自己的情感，自己的思想。所以在当代的阅

第四章 立论篇 137

读教学中，应让学生自己读文本，自己咀嚼，自己动手在文本中找出自己认为不理解的问题，老师要多鼓励学生，不能打击学生的学习积极性。教师要好以学生为主体的教学设计，充分发挥学生的主体性。

3. 鼓励学生发言

在实际教学中，我常常被迫"唱独角戏"。当向学生抛出问题时，学生不愿意回答，不愿意表达，即使被老师问到，也不愿意说出自己的想法和理解，所以老师们就不得不代替学生回答，一个人"唱独角戏"。如何解决这个问题呢？就是在阅读教学时，要鼓励学生发言，教师不要着急赶进度，要留足充分的时间给学生思考，留足充分的时间让学生发言。同时，在表达理解的时候要允许、尊重学生有他自己独有的见解，对于主观问题的答案，不限制答案，可以多样化，让学生各抒己见。学生在表达自己的理解时，他们的思维就在转动，就在思考。只要学生愿意表达，不管是对是错，对于学生来说都是一大进步，教师应该及时鼓励。这样学生在以后的学习过程中，才愿意更加积极地去思考。

(二) 课外阅读——以读促学

老一辈语文教育家吕叔湘曾说过这样一段话："同志们可以回忆自己的学习过程，得之于老师课堂上讲的占多少，得之于自己课外阅读的占多少。"我回想自己大概是三七开吧，百分之七十得之于课外阅读，课外阅读就语文课来说，绝不是可有可无的。

因此大量的课外阅读是学生构建语文大厦的坚固基石，必须重视起来。下面笔者就自己的一些探索谈一点建议。

1. 开设阅读课

目前很多学生的现状是：不是不愿意读，而是没时间读。相较于课本，学生们还是更喜欢课外读物的。可是，课程紧、作业多，补习多，学生所剩的课余时间寥寥无几。没有时间读书是目前课外阅读面临的一大难题。老师们不能指望学生们会在所剩无几的课余时间挤出一块时间给课外阅读。学生们每天在不同的课堂、如山的作业中已经疲于奔命了，有一点空闲时间，当然想玩一玩，放松一下。

所以，这就需要老师的引导了。笔者的做法是每周抽出一节语文课，作为阅读课，这一整块的 40 分钟时间不讲课，只留给学生静静地读书。有朋友会说："就一节课的时间，能读几页书呢？"是的，仅仅一节课的时间，确实读不了太多书，但是，这是一个引子，只要在这节阅读课上，他翻开了这本书的第一页，那么在下课之后，他就有可能翻开第二页、第三页……如果这本书引起了他的阅读兴趣，那么他会不惜挤出玩耍的时间来读这本书，如此我们阅读课的目的也就达到了。

2. 摘抄笔记

在每个学期的开学第一课，我就要求每位学生必须准备两个本子……一个写心得、日记，一个就是摘抄本。曾经在小学语文课堂上，我就开始训练要求学生自觉的准备摘抄本，把自己平常阅读到的好的词语、句子、段落以及相关的文章都可以摘抄下来，并且建议学生在早读课上朗读、品味、记忆。这样的要求既促进了学生的阅读量，也在一定程度上积累了学生的材料。

3. 写读书心得

阅读课和每周必须具有的读书笔记相结合，以读促写，以写巩固读，从而提升学生的写作能力。笔者所带班级的阅读课已经开设了一个学期，效果明显。学生们由最初的不想读书，现在追着我让我推荐书籍；由最初的不愿意写读书笔记，慢慢变得主动写；由最初的只写几行字、简单的摘抄，渐渐地越写越长、越写越多，读后感、小短文、原创小说等，渐入佳境。

每周学生的读书笔记收上来，我都会认真批阅，并且选出优秀者在班里读。当我在班里读他们的读书笔记，给予他们肯定和表扬后，他们的积极性一下子就提高了。他们写得都非常认真，常常有惊喜之作。

4. 多诵读经典

诵读就是深层阅读。每日不间断的记诵，是炼心的过程。水滴石穿，绳锯木断，天长日久，积累的是语言，培养的是诗性，也是定力和静气。

诵读就是炼心，定慧就是培养聚精会神的能力。当学生聚精会神时，他便能融入对象、吸取对象、成为对象，就这样兴趣盎然地一路背下去，或早或迟，或深或浅，所读所诵，都将内化为他们的精神气质。

诵读时，反复作用于孩子眼睛、耳朵、大脑、心灵的是什么？是语言。新鲜丰富的语言就是滋养大脑和心灵的新鲜丰富的营养。对于儿童的精神发展而言，让学生诵读经典，用健康美好的文字营养，用琅琅书声为他们构筑一个温馨、实在的成长环境，即是强健儿童的骨骼，也是丰满他们的血肉，既是给他们打造坚固的船体，也是为他们扬起漂亮的风帆。

让阅读为学生插上飞翔的翅膀，让他们在知识的海洋里翱翔，寻找自己的快乐。

# 微课在语文教学中的运用分析

语文是学生从小学阶段就需要接触的一门基础教育，通过语文教学，能够发展学生的人文素养，但是在传统的语文教学过程中，可能部分教师采用的教学手段相对单一。在这种情形下，影响了学生对知识的吸收。而微课的出现，恰好解决了这一问题，通过微课的应用，能够以一种更为清晰的教学呈现方式来帮助学生理解知识，提升学生的知识吸收率。但就农村地区而言，关于微课的具体应用还存在一些问题。由此，本文就针对微课在农村小学语文中的运用展开探讨，研究如何最大化地发挥微课的实际价值。

一、分析农村小学语文教师在运用微课时所存在的问题

微课是一种结构化的数字资源，主要强调的就是借助信息技术与可视化的方式来呈现出碎片化的学习内容，帮助学生进行知识的理解和吸收。然而，经过观察发现，在农村小学阶段，关于微课的具体应用还存在一些问题。第一点是在具体的教学阶段，教师针对微课的应用率还不够高，对于大多数农村地区教师而言，他们已经习惯了传统的讲授式教学模式，所以很多教师在具体的教学实施阶段，仍然是按照自己以往的教学思路来进行教学的组织，没有合理地运用微课来改变目前的教学现状。第二点是在目前的微课应用过程中，很多教师为了帮助学生能够更加高效

率地去完成知识的吸收，一般需要自行制作微课，但是对于部分教师而言，在微课的制作过程中没有进一步保证微课质量，比如有些微课内容没有进一步凸显重点，教师只是将所有的教学内容全部服放在微课里面。在这种情形下，进一步影响了课堂教学效果。第三点是部分教师对于微课应用的理解较为片面，例如，教师认为微课本身是一种教学辅助手段，所以在语文教学过程中，教师一般只是在课堂教学讲授阶段来运用微课，帮助学生进行知识的理解。实际上，微课本身就是非常灵活的一种学习资源，学生在学习的过程中也是可以运用微课的，但目前很多教师还未意识到这一问题，在这种情形下，进一步影响了微课的应用质量。

**二、研究微课在农村小学语文教学中的具体应用**

正是基于现阶段关于农村小学语文教学中微课的应用效果还不够理想，因此，作为语文教师，需要结合现阶段的情况进行综合的考虑，选择有用的教学策略来进一步改善目前的教学现状。由此，下文就针对微课在农村小学语文教学中的具体应用展开分析。

（一）转换教学观念，积极运用微课

对于部分农村语文教师而言，可能在具体的教学实施阶段，没有太强的微课运用意识，在这种情形下，进一步影响了微课的利用率。因此，在现阶段的教育改革背景下，农村学校的领导者需要和教师积极地进行沟通。在沟通的过程中，可以重点阐述微课应用的实际优势，鼓励农村地区教师能够积极地课堂上应用微课。此外，在现阶段的农村地区，关于微课的应用推广，还可以采用激励式的方式。例如，对于部分教师而言，可能不愿意积极运用微课，认为制作微课需要耗费大量的时间，并且有些教师可能不知道如何去完成有效的微课制作。因此，在现阶段的农村学校教育开展过程中，学校管理者可以给予教师更多的帮扶，比如针对教师进行培训，让其全方位地了解了微课制作的要领，并且通过一系列的手段来帮助教师掌握到微课制作的精髓。通过这样的方式，帮助现代农村教师更加积极地改变自己的态度，从而以更为自觉的态度去运用微课。

（二）运用有效资源，优化微课内容

在微课的应用过程中，教师一定要明白，微课的应用目的不是为了吸引学生的注意力，更主要的是，通过微课，能够让学生完成高效率的学习。但是经过观察发现，之前部分教师在微课应用过程中还没有针对具体的教学内容进行优化，并未制作出精良的优课微课，无法充分发挥微课的积极作用。因此，在现阶段的语文教学过程中，为了进一步改变这一现状，对于农村地区教师而言，其实可以有效地运用一些现代教育资源。虽然农村的教育资源比城镇地区相比存在一些差异，但随着信息化力度的加快，目前农村地区教师完全可以借助一系列的信息技术手段来获取自己所需要的信息。例如教师可以在微课制作过程中去下载一些制作精良的一些微课，然后去学习部分教师在微课制作时所选择的一些方法，研究如何突出重点内容。在学习了相关的微课制作要领之后，语文教师再结合自己教学的实际情况来完成高质量的微课制作。借助这样的方式，能够为后续语文课堂教学的开展奠定良好的基础条件。

（三）合理应用微课，提升学习效果

微课本身是一种教学辅助手段，主要是通过一种更为简单的方式来帮助学生进行知识的理解，但是在具体的微课应用阶段，作为教师，需要合理地把控时机，不能够仅仅在课堂上依赖微课，而是需要将传统教学模式和微课进行一定程度的融合，发挥二者的功效。例如，对于有些学生而言，如果在课堂教学过程中没有较强的投入度，那么教师可以借助微课来进行导入，通过一些可视化的图片和文字性内容来吸引学生的目光，让其对教学内容产生更多的期待感。比如在教学《松鼠》这篇课文时，教师可以直接借微课来进行松鼠形象的基础导入，让学生观看微课的过程中，对于松鼠这一形象有更为全面的理解。然后在学习过程中，学生能够结合自己的理解来围绕着课文内容进行思考。当前我国是以发展学生的自主学习能力为主，所以作为教师，在目前的微课应用阶段，还可以进一步转换方式。例如，在教学开始之前，教师可以提前制作微课视频，然后通过班级群的方式分享给学生，学生按照教师的指示，提前自主地针对课文内容进行预习。在这个过程中，教师可以在微课视频的结尾提出几个问题，然后学生在观看微课视频结束之后，需要通过自己的学习来回答问题。然后在课堂上，教师可以和学生围绕着微课视频中所提到的这几个问题来展开全面的分析。在这种教学模式下，让学生在学习的过程中能够有充分自主学习的思维机会，增强学生的学习自由感。同时，学生在自主学习中如果遇到问题，也可以在课堂上和教师集中地进行探讨，以此可以最大化地保证目前的课堂教学质量。

### 三、结束语

综上所述，在农村小学语文教学中，通过微课的应用，能够进一步改善目前的教学现状，让学生能够在可视化的教学资源提示下，对于所学内容有更为全面的理解。但是在具体的微课应用阶段，教师也需要合理地注重微课应用的频率，不能盲目地利用微课来帮助学生进行学习。并且，在具体的教学实施过程中，教师也需要针对微课内容不断地进行优化和精简，让学生在学习的过程中有更多的机会去围绕着相关的学科内容展开全面的探讨，发展学生的综合思维能力。

# 儿童诗歌的情境教学

俗话说："教学有法，教无定法。"教育者是完全可以"八仙过海，各显神通"，使用自己有把握的、有效的方法，并在实践中创造有效的、有创造力的教学方法。在语文教学中创设情境，通过营造轻松愉快的学习氛围，创设生动有趣的教学情境，让学生感受到教材中蕴含的美的因素，能激发孩子们身上的求知欲望，发挥学生的主体作用，使学生善学、乐学、学有所得。

"情景教学法"是教师根据课文所描绘的情景，创设出形象鲜明的投影图画片，辅之生动的文学语言，并借助音乐的艺术感染力，再现课文所描绘的情景表象，使学生如闻其声，如见其人，仿佛置身其间，如临其境，师生就在此情此景之中进行的一种情景交融的教学活动。因此，"情景教学"对培养学生情感，启迪思维，发展想象，开发智力等方面确有独到之处，可以起到传统的语文教学方法所不能起到的作用。

下面结合《长翅膀的太阳》的教学，谈谈在儿童诗歌教学中的情境教学法。

### 一、激趣导入，创设情境

常言道，好的开头是成功的一半。导入是语文课的第一环节，开头便要漂亮，好的开头如磁铁，能把学生分散的思维聚拢

智慧……
……之光

起来，因此在本课过程中，教师要根据儿童的心理特点，创设出好的课堂开头。

上课伊始，我给学生出示了一系列月亮和太阳的图片进行导入。"同学们，面对月亮和太阳，我们每个人都有过许多美丽动人的遐想，把你曾经有过的想法说给同学听听，与大家一起分享好吗？"这样激发学生的兴趣，顿时，班里议论纷纷，每个人都跃跃欲试，充分调动学生的学习积极性，热烈的讨论也深深地吸引了少数注意力不集中的孩子。

**二、反复诵读，感受情境**

大家都知道，"书读百遍其义自见"。儿童诗歌语境描述的美妙，语言运用的精妙，思想表达的深邃，见解阐述的独到，都是引导学生感悟的重要内容。因此，采用多种形式让学生反复朗读，像朗读比赛，组织读书会、朗诵会，写读后感等，让学生进入诗情画意的境界，陶冶情操，培养审美能力，提高文化素养，都显得至关重要。要读出感情，首先必须准确把握全诗的感情基调，理解诗人的思想感情，以及正确把握好停顿、节奏、重音、语调、速度等基本朗读技巧，这样，学生才有可能进入到原作品所具有的那种精神境界中去，即所谓"进入角色"。如我在教学《长翅膀的太阳》一课时，让学生进行反复诵读，以体味诗歌丰富的想象和意境的优美，联想太阳鸟自由飞翔的画面，仿佛自己就是翱翔在天空中的太阳鸟。

**三、借助图画，再现情境**

苏轼在《书摩诘蓝田烟雨图》中说："味摩诘之诗，诗中有画，观摩诘之画，画中有诗。"这一说法不仅说明了王维诗画创作的特点，也开创了诗歌与绘画讨论的新领域，从中我们就可以看出诗歌和绘画是彼此联系的，在艺术上是相通的，也是互补的。不论是"诗"也好，"画"也好，都是要在一定的感情的指引下，才能够彼此相融，彼此渗透。在教授诗歌时，我巧妙地设计一个环节，让学生想象太阳鸟自由飞翔的画面并用自己的彩笔画一画，再现太阳鸟自由飞翔的画面，从而进一步体会作者想象的新奇。从诗中看画，在画中读诗。另外，在板书中，我也注意图文并茂，帮助学生的理解。

**四、音乐渲染，营造情境**

诗歌教学中借助音乐，可以调动学生情感，烘托渲染诗歌，营造气氛，有助于理解诗歌。如诵读中我配上了轻快活泼的轻音乐，班得瑞的《安妮的仙境》，让学生的思绪随着飘荡的音乐一起飞舞。在最后的主题升华中我配上了《爱的奉献》，既可以作为情感的铺垫，也可以激发学生的情感，做到情感升华。

**五、角色扮演，体会情境**

儿童的情感是最容易受感染的，最容易激动和变化的。教学中让学生进入角色，进行角色扮演，可以有效地激化课堂气氛，提高学生的积极性。教学中，诗歌的第四节——"长翅膀的太阳是我的心，把光和热送给所有的人"。我自己扮演，有效地把学生带入情境中，边读边演，使每位同学也成为诗歌当中的主人公。"你就是这位长翅膀的太阳，你就是长翅膀的太阳，你想飞到哪里？你要去做什么？"就这样直接把学生的情感带动起来。就这样鼓励学生进行角色扮演，进入到诗歌情境中，一起体会诗情画意，从而让学生自主、自悟地学习。

"兴趣是最好的老师。"语文教学应激发学生的学习兴趣，注重培养学生自主学习的意识和习惯，为学生创设良好的自主学习情境，学生有了兴趣，才会产生强烈的求知欲，主动地进行学习。我在语文课堂教学中，力求做到让学生变得鲜活，让学生学得兴致盎然，使学生在语文学习中享受学习的乐趣，从而提高学生的语文素养。

智慧……
……之光

# 小学语文的朗读训练

阅读教学,是为了着重培养理解书面语言的能力而进行的一系列语文训练。无论从我国语言文字的基本特性和语文教学的根本宗旨方面看,还是从阅读教学论和阅读认知心理方面分析,小学语文阅读教学的核心和灵魂都应该是一个"读"字。"读"是培养学生综合性语文能力的客观要求和最重要的途径。忽视"读"或"读"不到位,学生语感的培养和听说读写技能的训练便成了无本之木,无源之水。引导学生多读书,指导学生读好书,是任何时髦的教法都无法取代的。但从教学第一线的实际情况看,首先,朗读教学还未引起足够的重视,朗读在一堂课中所占的比重还相当轻,平均不足 7 分钟。其次,朗读教学质量低下,只是低层次的读响亮,读正确流利,缺乏对学生感情朗读的具体指导。第三,受应试教育的影响,语文测试中对朗读的检测很少甚至没有,同时,对学生朗读的检测、评价缺乏科学性,存在很大的随意性。第四,由于受教师朗读水平的影响,教学中,教师范读极少,朗读指导存在许多不当之处。

对于这些不良状况,我们必须大刀阔斧地进行改革。《小学语文教学大纲》明确指出:"小学各个年级的阅读教学都要重视朗读。""要让学生充分地读,在读中整体感知,在读中有所感悟，在读中培养语感，在读中受到情感的熏陶。"并且，《大纲》在"教学内容和要求"中对低、中、高年段都提出了明确的目标。叶圣陶先生曾说："语文教师是引导学生读书、看书的，而不是给学生讲书的。"正因为如此，近年来有不少专家学者和有识之士呼吁阅读教学要返璞归真，练好"读"功。那么，如何过好读书关呢？下面谈谈笔者的一些粗浅之见。

**一、明确"读"的意义**

要引导学生多读书，指导学生读好书，教师必须明确读书的重要意义。多读书最大的好处和最突出的优势是能够有效地培养学生的语感。叶圣陶先生曾说："文字语言的训练，我认为最重要的是训练语感。"那么什么是语感呢？叶圣陶先生认为，语感是人们对语言文字符号刺激所产生的一种直觉。既然如此，我们培养学生的语感就应该从语言文字符号的刺激入手，而"读"则是最积极最有效的"刺激"。"读"到了位，学生语感的培养才可能到位，语文综合能力才能真正提高。

具体地讲，多读有以下六大好处：第一，多读可以识记生字。"阅读是识字的基本途径"，多读可以促使学生记住字音，区别字形，了解字义。第二，多读可以释词析句。通过反复诵读，学生便能够结合上下文准确地领悟词语和句子的意思，从而达到"自能通解""自求得之"（叶圣陶语）。第三，多读可以深化理解。只有多读并读出情感来，才能与作者和文中主人公产生共鸣，才能明白字里行间的深刻蕴含，才能达到理解的深化和感情的升华。第四，多读可以训练思维。在论及读与思的关系时，别林斯基曾经指出："阅读时，你到处感觉他的存在，但却看不见他本人，你读到他的语言，却听不到他的声音，你得用自己的幻想去补足这个缺点。"教师要训练学生在读书的过程中根据课文内容展开丰富的想象。而只有多读,学生的想象才可能丰富,思维能力才能迅速提高。第五,多读可以背记佳词妙语。小学阶段的学生"物欲未染,知识未开,则多记性,少悟性"(清人陆世仪语)。利用学生记忆的黄金时代使之多读熟记佳词妙语,精美诗文,为口头和书面语言的表达勤输"养料",多作储备,他们日后的"说"和"写"才有源头活水。第六,多读可以感悟写作技法。学生读得多了,就能够更深入地体悟遣词用语之妙,学习布局谋篇之法,而学生在读书实践活动中所感知领悟的写作技法,往往是教师在作文课上难以指导出来的。

**二、训练"读"的技巧**

《小学语文教学大纲》几经修订,都无一例外地把"正确、流利、有感情地朗读课文"作为小学语文教学第一位的基本要求。那么如何帮助学生达到这一要求呢?

(一)重视范读的作用

要培养学生"正确、流利、有感情"朗读课文的能力,教师的示范朗读非常重要。心理学告诉我们,人的感情是在一定的情境中产生和发展的,儿童自然也不会例外。因此,在朗读教学中,我们应顺应这一规律,通过多种手段把学生引入课文所描绘的情境之中,也就是要引导学生"入境"。引导学生"入境"的方法有很多,如示范法、描述法、回忆法、音像法、看图法、创设情境法等。其中最常用、最实用的是示范法。所谓"示范法",可以由教师范读,也可以用朗读磁带代替教师范读,还可以让朗读水平较高的学生范读。以真情实感激发学生的情感,使语言文字变为鲜明的形象或场景,使学生虽在教室之中,却有身临其境之感,与教师、与作者、与书中人物产生共鸣。只有这样,孩子们受到的教育才会是深刻的,终生难忘的。哲学家黑格尔曾经说过:"教师是孩子们心目中最完美的偶像。"因此在语文教学中,教师应多注意给学生以示范影响。教师在范读课文时,学生可以视其人,闻其声,直接领略老师的语气、语调及表情,进而仔细体会课文的思想内容和感情基调。教师如果能经常给学生正确的、动之以情的范读,就会使学生潜移默化地受到感染和熏陶,不断提高学生读书的兴趣。曾听过一节公开课《丑小鸭》,当教者声情并茂地读到丑小鸭一系列凄惨遭遇时,学生们都为之动容,有的紧皱眉头,有的屏住呼吸,有些感情丰富的,则为之落泪。直到老师把课文读完了,学生们这才长长地吸了一口气,对着老师微笑。学生的这种感受是对老师范读的最好肯定。当教师问及谁想向老师挑战时,学生们都表现出跃跃欲试的急切心情,读书的兴趣大大提高了。

现行语文教材中,有许多名家名篇,文章的词句优美,色彩鲜明,感情充沛。教这类文章前,如能首先激起学生的情感,对学好课文就会起到事半功倍的效果。教师要根据课文的感情基调,采用适当的音量、语调和语速进行表情范读,显得尤为重要。这样,一开篇就给学生以美的享受,情的感染,从而使学生产生一种学习新课的强烈愿望。如教学《十里长街送总理》这篇课文时,教师范读这篇课文后,教室里鸦雀无声,有的同学甚至唏嘘不已,这样学习课文,教师教得轻松,学生学得投入。

实践证明:学生十分喜欢听以及模仿老师范读,教师的朗读示范作用发挥得越好,学生的朗读水平就提高得快。教师的正确领读,将无声的书面的语言变成了富有感情色彩的口头语言,学生在跟读中不但能领会文意,展开想象,体验情感,而且能学会断句,纠正方言。

（二）要指导学生读到位

1. 准确发音，感受音韵

朗读是一种有声语言艺术，是运用清晰的普通话语音，把视觉形象变作听觉形象，生动地再现文字表达的思想感情的过程。也就是说，朗读的最本质特征是靠声音表情达意。因此，发音准确、吐字清晰是朗读教学中的基本要求。

首先，进行有效的正音。在当前的语文教学中，大多数语文教师能够自觉地运用普通话教学，但学生的朗读仍存在不少问题，音准方面突出的问题是带有明显的方言色彩。拿笔者所处的吴方言区来说，朗读课文平翘舌音、前后鼻音不分现象普遍存在，这必然影响表达，影响对语言文字直接的感受能力。在朗读训练中，我针对这些现象重点纠正学生发好翘舌音"zh、ch、sh"和后鼻音"ing、eng"等。

其次，注意音变现象。如《桂林山水》一文用几个感叹句写出了桂林的山的特点，"桂林的山真奇啊！……桂林的山真秀啊！……桂林的山真险啊！……"这几个句子中"啊"的读音要准确表现情感，读起来才流畅自然。对于音变现象，我注重过程指导，着重引导学生听老师范读，进行朗读比较，在语境中揣摩、体会，感受普通话规范的语音。

2. 把握语调，感受节奏

流利地读，是要把句子读完整，不读断句；要读出句与句之间、段与段之间的间歇；要读得连贯流畅，速度适中。尤其是低年级的学生朗读时经常出现顿读、中断朗读的现象。出现这种情况的主要原因是：处在这一年龄段的学生朗读时不是以词或短语为单位停顿，而是把双音节或多音节词语都割裂开来，一字一顿地读；而且，由于心理紧张，往往用手指指着课文中的字读，这也是造成学生顿读的一个原因。学生为了把课文读得连贯流畅，还没有把每个字辨识清楚就急于朗读出来。这样，就会出现读错字、丢字、加字等现象。当他们意识到读错了想要加以改正时，又造成了朗读的中断。

各种标点都有它们停顿的时间和语调的差异变化。不同的标点的读法在情感的表达中截然不同。掌握标点符号的朗读技巧，能增强文章的感染力，听者会受到美的熏陶。教师要向学生讲明常用的标点符号的作用、停顿时间和可迸发的语感关系，组织学生学习标点诗歌：字典公公家里吵吵闹闹，吵个不停的原来是标点符号。首先发言的是感叹号，它的嗓门就像铜鼓敲：伙伴们，我的感情最强烈，文章里谁也没有我重要！感叹号的话招来一阵嘲笑，顶不服气的是小问号：哼，要是没有我来发问，怎么能引起读者的思考？……

3. 理解意蕴，感受情理

作者所记叙的事情或描绘的景物之中闪烁着作者对生活的理解和体验。语文教学要通过语言训练理解课文的内容，体察作者的情意，感受传达的理念。需要说明的是，"有感情地朗读"并不等于"有感情+朗读"。朗读指导也不是简单的"摹仿"或"感情提示"。如一位教师在教学《美丽的小兴安岭》一课时问学生："小兴安岭的夏季非常美，大家想不想把它的美丽读出来？要以怎样的感情读？"学生回答后，教师又说："下面让我们带着喜爱和向往的感情齐读这一段。"这样进行了一番"感情提示"以后，教师就觉得自己的任务完成了，剩下的就是学生自己去读了。

在教学中应引导学生根据课文的内容和基调，从句子表达的语气和情感需要出发，读出其高低升降、轻重缓急的变化，使全

第四章 立论篇

篇富于节律美。如语句的停顿，除了依据标点符号作相应的语法停顿外，还要进行感情停顿的处理。"一位满头银发的老奶奶，双手拄着拐杖，背靠着一棵洋槐树，焦急而又耐心地等待着。"（《十里长街送总理》）我指导学生将"焦急""耐心"两个词读得低缓凝重，体会人民对总理的崇敬和爱戴，增强作品的感染力。

（三）要训练学生边读边想

边读边想是指学生"在阅读的同时能够思考，在思考的同时能够阅读"（苏霍姆林斯基语）。这样的阅读基本功必须经过训练才能逐步形成。宋代朱熹说："余尝谓读书有三到，谓心到、眼到、口到"，"三到之中，心到最急"。这里的"心到"就是强调阅读过程中"想"的重要性。

训练边读边想要把握以下三点：

1. 训练形象地想

阅读理解很重要的一点是诱导学生把语言文字所表述的客观事物在头脑里进行"还原"，通过"再现"进行"再想象"和"再创造"，从而深化对课文的理解，提高思维能力。

2. 训练逻辑地想

阅读理解往往要解决"是什么"和"为什么"的问题；"是什么"是指课文写了什么，景、物、人有什么特点等；"为什么"是指作者的结论是怎么得出来的。引导学生逐步深入地思考，就能使他们认识事物的内在联系和逻辑规律。

3. 训练联系地想

读书不能孤立地死板地读，应该注重方方面面的联系，如前后课文的联系，句、段、篇之间的联系，课文内容与生活实际的联系，等等。训练联系地想，有利于学生开拓思路，综合理解，深化认识。如《小珊迪》，是一篇情感浓郁的课文。在教学时，可指导学生在朗读上下功夫，再从事情的结局，深切了解小珊迪的悲惨命运和诚实的品格。学生对小珊迪的同情，是学生的认识过程，也是思维的过程。学生不断提高认识，同时也发展了思维。学生思考时，自然地会联系自己的生活经历，去判断事物。此时，教师有机地渗透思想教育，提高学生分辨真善美、假丑恶的能力，更能收到"教书育人"的整体效益。

（四）要培养良好的读书习惯

除了训练"学生读到位""边读边想"之外，一是要善于发现并及时纠正学生的一些不良的读书习惯，如唱读、语速过缓、平淡乏味，等等；二是培养学生"不动笔墨不读书"的习惯，指导学生在读书过程中适当进行圈点勾画，以把握阅读内容的重点、要点和找出理解方面的疑难之处；三是要让学生熟悉了解并学会运用速读、跳读、精读、略读、赏读等多种读法，并逐步学会能够根据自己的阅读需要来选择不同的读法。总之，学生"读"的良好习惯养成了，必然受益终身。

**三、要及时进行朗读总结**

为了让朗读训练卓有成效，教师要针对学生在朗读中出现的各种情况，及时反馈评析。评述要结合朗读材料进行，不要泛泛而谈，语气要温和，营造宽松、和谐的氛围，不仅要发挥教师的主导作用，也要发挥学生的主体作用，与学生评论相结合，放手让学生讨论，各抒己见，对错误的见解绝不讽刺、挖苦。师生通过讨论，共同总结出在朗读中需要改进的地方，及时纠正不正确的语调、语气、重音、停顿等，并侧重地再范读，再练读，直到达到理想的效果为止。

（一）教师评价

如果学生朗读时出现错误，教师可以及时纠正。读得流利与否，也很容易辨别出来。但读得是否有感情，却难有明确的标准。一则感情本身有一定直觉性、模糊性；二则不同的人对文章的情感基调的把握也有不同的方式。因而许多教师在学生朗读后，只能凭直觉判断"不错"或"真好"。这样泛泛评价，学生茫然，难以提高他们对语言的直觉敏感度。

教师评价语言设计的成功与否，直接影响学生对自己朗读情况的认识。教师主要用口头语言对学生的朗读水平予以评价。从其手法看，有以下几种评价语：

1. 情景语

不采用直接的评价词句，而是结合课文语境对学生朗读作出反馈。如特级教师支玉恒老师教读《第一场雪》，学生第一次读完后，他这样询问："雪大不大？"学生都说："不大。"那学生再读，果然读出大雪纷飞的感觉。这样的评价语生动形象，使学生始终处于课文传达的氛围中。

2. 修辞语

在《闪动的红星》中有句比喻句："那甜甜的声音仿佛是沁人心脾的春风。"教师在学生读完后评价："你读得也是甜甜的，真好。"这一评价看似随手拈来，用通感这样的修辞手法来评价，巧妙地暗示学生读得柔和，读出了欢快的情绪。

3. 幽默语

它是调节课堂气氛的手段，体现了教师的教学机智，能有效提高学生的朗读兴趣。如《全神贯注》中有这样一句话：……嘴里叽里咕噜的，好像跟谁在说悄悄话……一位学生读得过于响亮，教师听后说："你这么读，好像在跟谁争吵，哪在说悄悄话呀!"学生们在愉悦的氛围中,领悟到朗读此段的处理方法。

从评价的内容看,分两方面:

1. 语音技巧评价语

即对语调、停顿、重音、节奏等的指导评价。如支老师在学生读出雪大之后,追问:"为什么第二次你能读好呢?"学生沉思,终于体会出是将表现雪大的词语突出读的缘故。这样的评价语,对朗读技巧作精确分析,学生练起来有章可依,朗读能力会逐渐提高。

2. 情态评价语

学生朗读时的表情、体态也应作为评价的内容之一。除口头评价外,教师也可借助一些辅助手段协同评价。像体态语,就是通过教师的身体态势对朗读中的语音语调变化作形象化的演示。采用符号、图形也能起到同样的作用。例如,古诗教学中节奏线的运用,使学生体会诗歌的音韵规律,感受其间的音乐美。

(二) 自己评价

古人说得好,不仅要知其然,而且要知其所以然。在朗读教学中,学生读完后,说说自己为什么这样读,可以让学生略有所思。尔后,一遍比一遍读得有味,一遍比一遍能深切地体会到作者的思想感情,促使学生乐读、好读、会读。

(三) 相互评价

《小学语文教学大纲》指出:"培养自学能力要引导学生积极参加听说读写的实践,重视在实践中学习语言、理解语言、运用语言,要教给学生一些学习方法,鼓励学生采用适合于自己的方法,主动地进行学习。"因此,在朗读教学中,围绕正确、流利、有感情的要求,展开相互评价很有必要。你一言,他一语,甚至是争辩，让学生畅所欲言。这样，每个学生都在朗读和评价中提高了语文能力，人人爱读书、人人读好书的局面就会逐渐形成。

　　刘勰曾经指出："操千曲而后晓声，观千剑而后识器。"小学语文教学只有从教师滔滔讲说、条分缕析的樊篱中解放出来，返璞归真，把一部分费时费力、劳而无功的分析时间用于指导和训练学生朗读，培养学生的语感，这才是语文阅读的真谛和终极目标。

# 第五章
# 立文篇

智慧之光

呕心沥血撰华章,
造句遣词岁月芳。
入梦好人兴比赋,
杏坛故事总汤汤。

智 慧 ……
…… 之 光

# 老人与男孩

　　李白奇老师一退休就回了老家。儿子体贴他，累了一辈子了，该享几天清福了。他笑笑。儿媳一脸不高兴，扔出一句——别人的父亲，爱咋地咋地。李老师浅浅一笑，没放在心上。

　　眨眼间，在老家待了半年，跳蚤冲这地方，依山傍水，田垌旷阔，后龙山延绵数里，郁郁葱葱的，看得人饱。

　　计划没有变化快。李白奇回老家是有打算的，他认为自己正值中年。也对，他父亲活了九十八岁，保守点，按父亲的寿诞划算，六十岁，正值壮年哩，回去当三届村支书，兑现年轻那会儿的理想，绰绰有余。从精力、人脉、智慧方方面面计算了千百回，跳蚤冲的未来，仿佛就握在了他的手心。

　　可惜，现而今的村支书有了年龄规定，要年轻化，仅这一条，他就被推出了圈外。还是走了好多次"后门"，才捞了个支书助理的头衔。

　　这会儿，正值扶贫攻坚的紧要关头，支书助理天天东家进西家出，唠嗑摸底，精准扶贫，做大扶贫文章的前提，正是做好精准扶贫的铺垫。

　　小半年了，还没有上山，也不知当年割草、砍柴的地方什么样了。上年纪的人，怀旧，爱坐在过去的日子里享受那些岁月。

连早餐也没有吃，抓一把柴刀就踱进了七弯八拐的山路，唉，四十年没有走了，毛草丛比人还要高，路窄得连下脚的地方都没有了。队上那会，为多挣几分工，个个早上走七八里路割草，哪担没有一百四五？那年月，近点的山山岭岭都被剃成了光头。

"爷爷，大清早去哪里？"在扁担冲，李白奇被突如其来的声音吓了一跳，定睛一看，是四眼崽。四眼崽是老大的孙崽。李白奇有六兄弟，他排行第五，就他一个人考出了大山。

四眼崽年方十五，瘦得像一根竹竿，长得倒眉清目秀文文静静的，鼻梁上架一副金丝眼镜，乍一看，还认为是个大秀才呢。因为鼻梁上架了副眼镜，所以，大家都叫他四眼崽。

正值读书时节，四眼崽却没有进学堂，李白奇盯着他看了老半天，瞅得四眼崽不好意思地垂下了脑壳。

"怎么没有去读书了？"李白奇拍了拍四眼崽的肩。

"请长假了，老师让我考试再去。"四眼崽有点急，揉了揉渗汗的鼻尖。

"你的成绩就那么好？不上课也能毕业，也能升高中？"李白奇皱了皱眉头。

"一般般，七科加起来，一百分还会出点头。"四眼崽轻描淡写道。

李白奇张开的嘴再也合不拢了。他在县中教了三十年书，学生们追的是七个A，可四眼崽一百分出点头还一般般哩。他觉得肩头的分量又重了好多。前段时间，大家热衷于精准扶贫，对于怎么穷的，想得却不甚多。渐渐地，思路越来越清晰——健康扶贫、文化扶贫、心理扶贫……这些个课题夜夜整得他睡不香觉。

"你晓得我们村二十八岁到四十五岁还没有讨婆娘的有好多个吗？"李白奇拉着四眼崽坐在路边的毛草地上。

"晓得哩,三百七十八个。"四眼崽脱口而出。

"你是第几百个?"李白奇搔了搔四眼崽蓬松的头发。"怎么讲话的,五公公,我是讨不到婆娘的人吗?"四眼崽涨红了两张脸,脖颈粗成水桶。

李白奇笑笑,不置可否,挽着四眼崽往回走。

村前的田垌上,有十来台推土机在来来回回穿梭。这个田垌大约有两千来亩,由扁担夼、畚箕坪、跳蚤冲三个自然村围着,养活四千多口人。

"看出来了吗?"李白奇指了指田垌问。

"晓得哩,我又不蠢,在小田改大田。"四眼崽眉飞色舞,那意思再明的不过了,你考不倒我。

"为什么要小田改大田,想过吗?"李白奇往深处导。"村头不是贴了告示吗?搞一村一品,机械化、专业化、产业化。"四眼崽嘴一嘟,很有些不屑。

"这些田原先有好多人做事?你晓得吗?"

四眼崽摇了摇头。

李白奇告诉四眼崽,三个村,大概有一千五百个人在田里讨生活,大田化后,百十来个人就足够了。

"你长大了干什么?"李白奇转移了话题。

"娘说的——读书不出就回来种田。"四眼崽不加思索道。

"你想当农业工人?"李白奇的右手挥过头顶,"没有本科以上文凭,想都没有想——现代化、科学化、机械化……哪一化离得开文化?"

"难道我就一点出路都没有了?"四眼崽有些垂头丧气,声音细得像蚊子叫。

"出路当然有,就看你怎么走了。还记得先前问你的话不?

你是第几百个光棍？"李白奇眼睛看着远山，一只燕子闯入他的眼帘。

"记得，我肯定不会中你的口。"四眼崽拍了拍胸口。

当老师的三句不离本行，都是上课整出来的习惯。四眼崽总算明的了，土地流转之后，是谁家的田，仍旧是谁家的田，数字在那里挂着，只是没有事做了，有的是那几百块流转费。

"大家都没事做了，都喝西北风？"终于轮到四眼崽发问了。"喝西北风倒不至于，据说国家会发三四百块最低生活保障。"

四眼崽脸上露出了笑容。

"我晓得你为什么笑，你的想法和你二叔一样，反正国家有绘，做不做一个样，索性东溜西耍，永远的建卡贫困户，不感到愧羞，反而觉得越穷越光彩，是吧？"

四眼崽点了点头，一点也不觉得难为情。

"那道理还没有弄明白？你领四百，女方也领四百，两个四百块钱能养活一个家？个个月领四百块钱的人讨得起老婆？不打光棍才怪哩！"李白奇的嘴唇有些干燥，他用舌尖舔了舔。

"我去打工总可以吧。"四眼崽嚅嗫有声。

"没人讲你不可以，就你这半桶水，哪里有适合你的位置？"

祖孙俩你来我往了老半天，四眼崽终于有些明白了——个个村都多出了那么多的剩余劳力，哪有那么多的岗位安排，每个位置都会挤得头破血流，没有文化，没有素质，肯定捧不到属于自己的饭碗了。

喊吃饭时节，机耕道上走着的李白奇和四眼崽，各自想着自己的心事，四眼崽那塘水浅，暂时还放养不出大鱼来，还需拼命地加水，拼命地。李白奇那口，不是塘，是湖，是海。比喻，任价比喻都是跛脚的。他仿佛闻到了香味，那香，让他联想到了烹

第五章　立文篇　　163

智 慧 ……
…… 之 光

饪一个家，烹饪一个村，烹饪一个地方，形成一大产业。李白奇笑了，为自己的奇思，为自己的妙想。

很快地，跳蚤村滋生出一个新生事物——乡村成长营，是跳蚤村支书助理李白奇首创的，四眼崽是第一批营员中的一个。渐渐地，前来参观的人们络绎不绝，像雨后的春笋，没有几个月，周边的村落边笋出了好多……

# 上田人家

## 一

雨。从山那面袭来。先是嘀嘀哒哒,接着便是一线一线地往下砸,要不是我们脚长,非被它淋成落汤鸡不可。"这鬼天气!"同行小李抱怨着。我没有接茬,径直上了二楼。

## 二

无奈。

部长让我们再下去一趟。我的牢骚越来越多了。一而再,再而三,也没有丁点起色。都说上田人牛,我也是从诸如此类的乡下爬出来的,怎么就犟不过脸朝黄土背朝天的山里汉子哩。

"再明白不过了,就两厘,白给,我一分钱都不要。你们不能耍我呀,一动土便成了二分。那田可是我命根子,金贵着呢,多少钱都不让。"

有根老汉翻来覆去就这几句话。也不能全怪他,村主任在电话里讲得清清楚楚的,只圈用他二厘田,家庭叔侄的,说话怎么就不算数哩。

有根老汉不是小气的人,无论是架桥修路,还是砌屋造舍,不喊都会帮忙,从不计较工钱,这回,却犟得脸红脖子粗,连最

第五章 立文篇 165

智 慧
之 光

会做思想工作的村支书都捋稀了原本就不稠密的头顶。

建厂的事就这样搁浅了。有根老汉怎么就这么倔呢？两分就不舍得了！一回是送，十回也是送，当是送了十回，不就结了。再说，又不是白要他的，比国家定的土价高出十倍哩。

大家围着他转。

一个星期过去了，两个星期也过去了。

三

落座在牛崽冲的这家餐馆，堪称上田的活动中心，支村两委接人待客全在这里。

上田是岩泉镇的大村，有四百多户人家三千多口人。支村两委换了一茬又一茬，也没换来村级活动中心，更令人伤情的是20世纪70年代建的大礼堂，打屋顶垮塌，三十多年过去，仍旧无模无样地在那儿见证着上田人家的兴与衰。

"上田人呀，办什么事情都心不齐，你支我翘的。不就为了眉毛尖上的那点利益？"老板娘翠花扬了扬柳叶眉，嚼了嚼樱桃嘴。

回回来上田都吃住在"上田人家"，也就知道翠花是一位口无遮拦的人。

"又发大财啰！"我知道上田人好吃，会吃。每次下来都是客少陪多，也可以理解为好客，心肠热。

"一般般啦！都像你们，早就关门大吉了哩。"我知道自己是最不受欢迎的人，每次进住，都往最低廉的挑拣。

"都说下乡人脑筋活络，会赚钱，他怎么那般死脑筋哩！"小李扶了扶近视眼镜，感叹道。

好不容易引进一家食品加工厂，光选址就动来动去了十来回，不是这家不满意，就是那家不肯。那田那土，荒到还不是荒到了，也没见谁心痛过，一旦有人搞建设，一旦村里上项目，就金贵起来了，就宝贝起来了，一点都不愿损失。

"这你就不晓得了，只有精明的人才会计较，毫毛算成捆哩。"翠花端着瓜子，提着茶壶接过了话茬。

"有根老汉在不在家？"我问。有根老汉好难寻，来了一回又一回，难得见到他的人。不是说去了一六，就是说到天塘去了。乡下人事多，不假，哪能回回都扑空，他分明是在躲。

四

支书是一个矮矮胖胖的庄稼汉，只读完小学。他的口金贵，与他交流颇费口舌。

不止一回听说，下乡的干部，到上田，连个吃饭的去处都难找。上田离岩泉镇有八里地，回镇里吃饭也不过十来分钟，路宽，车方便，眨眼就到了。

张镇长是岩泉镇镇干部中的元老，打一参加工作就没有挪过地方，是一位满肚子故事的乡镇干部。

"支书，上午一起吃饭，就到陈老板家。"张镇长提议。

陈老板是上田农业开发有限公司的老总，正在研发生物饲料。

"好！我手头上还有点事要处理一下，吃饭的时候一定来。"支书满口答应。

左等右等，电话打了一回又一回，就是没有人接。直到抹完桌子，他才露脸。

"抱歉，屋里来了客，走不开。"

"他呀，回回都走不开。"张镇长这样戏谑，接着讲了个鲜为人知的故事。

## 五

上田的黄瓜平和的红薯干，里田的红辣椒一六的鸳鸯席一样出名。

那年，黄澄澄的黄瓜花绽放得亮人眼。

村头高坪山喇叭长鸣，走下十余个西装革履的外商。

他们是禁不住上田歌谣的挑逗慕名而来的。

加工黄瓜？这是上田人听都没有听说过的。在上田人心里，最简单的方法就是生吃，上手就啃，脆脆的，淡淡的清甜。要是你想吃出点花样来，用刀对边切开，打两路花刀，把盐和辣椒粉撒在面上，搓搓，别有一番风味。至于熟吃，爆炒或红烧，没有什么特别的。

一辈辈的人都这么经营着，也没瞅出黄瓜有什么特别的地方，更不用说包装出门了。

罗总搔了搔两边倒的分头，黄瓜可以腌制，可以制成黄瓜干，可以制成黄瓜罐头，黄瓜果蔬，一块两块钱一斤的鲜黄瓜，加工制作后，就能增值五块、十块。

参与洽谈的村干部和村民代表满脸疑惑，心却空前活跃起来。

你一言，我一语，提出了许多现实的，和不现实的问题，诸如经营模式，诸如生产收入，诸如招工，诸如待遇，仿佛钞票真的大把大把进口袋了。

厂址一直定不下来，协商了一回又一回。生怕好了别人，吵吵着，嚷嚷着。结果，黄瓜年年种，年年是那副模样，年年是那个价钱。

上田人呀，还没上床就争棉被。

洽谈的日子里，一到开炊时节，支书就有事。

## 六

不等天黑，"上田人家"就热闹起来了。

三五个人一桌，包厢里还没收碗筷，进门的就等在门口了。

问过才知道，来这里就餐的多半是打工仔打工妹。近两年，爆竹厂如雨后的春笋，一家挨一家，成为上田村别致的风景。

爆竹厂的许多活，老人、小孩都能做，一天下来，十块八块洒洒水，孩子们一起床，一放学就搬一张凳子或椅子插起引线来。

以前，大人一见孩子问得最多的是识了几个字，眼下，很难听到了，人们最关心的是插了几卷，编了几卷。或许这正是观念的转变。

"鞭炮提升了村民的生活质量。"这是村支书挂在嘴边最多的一句。

"日子好多了哩，你们城里有的，乡下都有了"翠花见我正和几个打工仔弹嘴皮，便插了一句。

我笑了笑，没有点头，也没有摇头。我都看到了，上田村正一步步迈向城镇化，商店多了起来，集市宽了起来，娱乐场所也越来越多，娱乐种类也越来越多。村民们越来越追求生活的高质量了，这是人类社会发展的必然趋势，城里的高文化高素质，是不是都跟上来了呢？我把刚要滑出嘴唇的话咽了回去，生怕话一出口就伤了一大片。

"娘，我姐姐考我，说树上有十只鸟，用铳打下来一只，问树上还有几只，不就是九只吗？姐姐说不对，不对！我就搞不懂

## 智慧之光

了，娘，你说，到底还剩几只呀？"翠花的女儿囡囡背着沉重的书包蹦进了"上田人家"。

"傻孩子，这么简单的问题还问娘，打下一只，不就九只吗？"

"我也是这么认为的！娘傻哩，枪一响，鸟儿还不都飞走了呀。"

"是这样呀。"翠花呆了片刻，笑了，我却笑不出来。

### 七

又一夜无眠，白天的事情过电影一般。

### 八

天还没亮，门外响起了敲门声。

"兄弟，有根老汉回来了，刚下车，他要我带个话，说他老了，做不了主，他儿子说了算。"话一完，翠花有节奏的高跟鞋磕击地板的声音渐渐远去。

"又是托词。"小李苦笑。

也许真的是托词。看来这些天真的白忙活了。

"一起去找他儿子？"小李问。

也只好如此。

刚要出门，村支书匆匆走进了"上田人家"，身后跟着一位年轻人。

"这是刚分来的大学生村官陈小俊，村主任助理，主管纠纷调解。"村支书介绍道。

我向小陈讲了我们此行的目的，要他带我们去找有根老汉的儿子。

陈小俊笑得前俯后仰:"不用去了,我就是。已和公司谈妥,要多少用多少,作为股金参与企业经营管理。"

原来人家早就谈好了,我们反倒成了局外人。

离开上田的时候,我回头瞧了瞧"上田人家"那块烫金招牌。

有些无奈,又有些兴奋……

智慧……
……之光

# 搭把手

好久没有去岩泉赶闹子了。并不是没有时间,而是没有事便少有出门。那年头,口袋扁瘪瘪的。

夏天的天气像孩子的脸,说变就变,刚才的太阳还笑眯眯的,眨眼间就乌云盖了千层万层,风的脾气也越来越大,卷得满坡的松树往一边斜。

走快点,再紧走两脚就到小生坳了。娘催,只带了个帽檐,禁不住暴雨倾盆。

虚惊一场,雨停在了山顶。六月落雨分界线。站在路边喘息了老半天,气还是粗粗的。

"让一让,让一让,借个光,借个光。"头一侧,身后缓缓拖来一辆胶轮车,车上装着四个猪笼,也许刚才跑得快了些,在坡上一寸寸往前挪,我瞧了瞧拉车的老翁,背如弓,脚打颤,手上的青筋暴露,每挪一脚都异常吃力。

"搭把手!"母亲吼了一声,我有些惊诧,没动,倒是身后涌来五六双手,一字儿排开,一二三四喊得震天响,个个都是箭步序列。

我有些木讷,瞧了瞧母亲。"搭把手,力是用不完的。"母亲瞪了我一眼,一点也不客气。

我蹦了过去，也使出吃奶的力气吼，起起伏伏后呐喊极似山里人的吼歌。

车很快翻过了山脊。在凉亭上，老翁盛满眼感谢。"多谢父老乡亲帮忙。"他呢喃了一回又一回。"举手之劳，举手之劳，不用谢，不用谢。"个个都笑着搭腔。千般谦虚，万般客气。

我不完全理解母亲的举措，非亲非故的，人家又没有邀请，不是多此一举吗？

母亲舀了一勺凉水给我，算是对我搭把手的回报，我没有接，我知道母亲和我一样渴，"我自己舀，您先喝。"母亲笑了笑，蛮高兴的样子。

"你儿子？蛮懂事的，将来肯定有大出息。"拉车的大叔拍了拍我的肩，赞许道。母亲笑得合不拢嘴。

我这才看清楚，拉车的老翁并不老，约四十开外，只是头发全白了，乍一看，的确称得上老。

母亲好搭把手，左邻右舍有什么大事小情，只要有了消息，也不管人家情愿不情愿，那热情如风，有个缝隙硬旋了过去。母亲老那天，好多人自发涌向宗祠，个个抹眼泪，"好人啊，真不舍得她走！"算是对母亲最高的评价。

走在人生路上，不知什么缘故，我也经常吆喝："搭把手！兄弟。"当然收获感激，拥有快乐，树立起为人处事的口碑。

不错，人这一辈子，谁也做不到万事不求人。包括哲人、圣人，遭遇难事一如三餐，是免不了的，需要家庭叔侄，需要亲朋好友，需要认识的，不认识的哥们、姐们搭把手。

"搭把手，路好走。"中秋夜，儿子又在侃大山了，走南闯北的儿子故事特多，感悟特多，哲理特多，让"搭把手"自然而然地传承下来。

第五章 立文篇 173

智 慧 ……
…… 之 光

# 一尖峰

**一**

　　一尖峰，分明是一条蜿蜒的巨龙，从黎明的地平线上升起，以折服人类的才智，擎起了太阳。
　　一尖峰，怀抱白云，抚着心琴，一声声呼唤春天。
　　一尖峰，把诗的语言开启，留下卷卷令人拍案叫绝的惊喜。

**二**

　　面对一尖峰，如演绎一部史诗，千年万年了，你依然神秘，令人不得其精髓。
　　你满身的皱纹，又细又密，似山里汉子那饱经风霜的额头啊，烙下了历经苦难和沧海桑的印痕。
　　一拨又一拨的眸子读你，品味你屹立的雄姿。
　　逝去了几多岁月的风吹雨打，雷轰电击，一尖峰依旧笔挺，绿一季，花一季，果一季，周而复始的是你不屈的意志。
　　飘飞的云彩，抛下诱惑，滑翔的鸟翅，鼓动欲望，你照旧恪守不变的祖训，你照旧拔节亘古不变的信念。
　　面对一尖峰，如同读一部史诗，你的传奇、雄姿、神秘融入山民的血液，繁衍出万代千秋挺拔的脊梁。

## 三

汗湿衣衫，汗湿脚步……汗湿攀登的向往……

摸到白云的羽毛了，触到雄鹰的翅膀了，绿峰还在上头。云雾茫茫的上头峰巅为帆，为桅，飘浮在茫茫云山雾海之上，重重叠叠的峰峦之上，上出的又是一片空旷辽阔的万里碧海。

从那道深涧的山脚，攀爬峰上之峰，颠上之巅，天上之天，攀升的是理想，是信仰，是执着，抑或是涵盖整个人生的念念不忘。

汗湿衣衫，汗湿脚步……汗湿理想和追求，汗湿情爱和生命……

划上再高的峰也没有人高的句号，一回回惬意在一重高山一重风光，一重艰辛一重甜蜜里。

## 四

是人，是神，是山。

就这样坐着，一动不动。

像一轮朝阳，尚裹覆在铺天盖地的黑色的棉絮里。

放松了心身，放松了灵与肉，放松了远处近处的林涛。

静止是一朵凝云，静止是墨色的天宇。

动也不动的时候，脑海里奔突的仍然是那轮光鲜的盼望。

扯一块鱼肚白擦眼那刻，便有大气磅礴升腾惊心动魄。

## 五

千年亿年的造山运动，一尖峰站成了骑田岭的标杆，苍苍茫茫，绵延不绝。

智慧……
……之光

你用肌肱隆起的剽悍，在太阳底下，在天地之间，裸露粗犷的胴体，默诵着岁月凝重的经典。

悠悠往事，被你沉淀成一叠叠厚重的日记；回眸处，被阴雕阳刻成一幅幅壁画。你用粗犷、直率、倔强、豁达的秉性，抬起不甘沉沦的头，狂书着生命的战歌，用无声的诗，辉煌的亘古的博大。让云雾、雷电、太阳、月亮轮流给你美容，令重叠、起伏、富有曲线美的身材更加巍峨、秀丽、挺拔，散发出迷人的气息。年年岁岁，你的千姿百态，撩得驴友，撩得文人墨客夜不成寐，为你跋涉，为你痴迷，为你疯狂……

啊，一尖峰，你是沉睡的灵魂，你是朦胧的组诗，是游客们生生死死都无法企及的精神高度……

## 六

在一尖峰面前，坚韧地跋涉是一种风度；在一尖峰面前，沉默不语也是一种风度；一尖峰是一尊搁在心灵上的雕塑，谅谁也搬不动，如一些种子在心田里萌生，长出些能咂出苦涩，咂出甜蜜的果子。

一尖峰是一座美丽的精神家园，生长童谣，生长神话，也生长唐诗宋词，还生长色彩斑斓的中国梦。

爬矮一尖峰的脚，往往带着理想和希望，往往携着老婆和孩子，往往揣着美丽和向往。

踩矮一尖峰和从一尖峰回来的人都是好汉。只有在半路打道回府的人沉默不语，如一些石头风化成记忆。

踩矮一尖峰，人们才知晓什么叫生活。

踩矮一尖峰，人们才知道什么叫诗情画意。

## 七

踩落夕阳那刻，夜便拥抱了一尖峰的静谧。

一尖峰，就这样融进了夜的怀抱之中，一种浓情，在星空中显赫了不谢的巍峨。

一种诗的神韵流泻着，任何诠释都苍白如纸。以雕塑的形象屹立，让美的画卷在千万颗心窝流光溢彩。

棚屋里的点点灯火，那是一尖峰黑夜接白天的拼搏，一尖峰的智慧已乳化成漫山遍野的金果，更是夜的灵魂，屹立不灭的执着。

不夜的音律，从远古流来，淌成天籁之乐。

## 八

在一尖峰，又读出了生命的魅力，又读出了视线的贪婪。油光亮丽的一尖峰，爱在山雨中洗浴。

浓浓的雾霭，在山腰上缠绕着一个个令人炫惑的谜，编织着一个个古老而崭新的传奇。

这个葳蕤着灵魂的绿峰，这个排版着碧色惹眼诗篇的绿峰，出浴后，拥着绿色纱巾的丰腴处女，她们的肌肤便是一种撩人冲动的诱惑。

一种神奇的曲线勾勒出心荡神迷的追索。

一尖峰啊，一尖峰，夸你是神女峰一点也不为过。

## 九

凡是挺拔的地方都生长着神秘，对游兴是一种挑逗。

真不知道夜阑时的一尖峰，她是否还在咀嚼太阳帽的点赞，

智 慧 ……
…… 之 光

他是否还在瞩望着一首首飞落的千年绝唱。

从一尖峰回来的脚,一停下来就痒,老想磨蹭一尖峰的蓝天白云,老想磨蹭一尖峰的奇花异草,老想磨蹭一尖峰的水色山光……

信不信由你,一尖峰的景致,横看侧看都销魂。

# 水坝石

驴友好晒美，一幅幅穿越时空，邀我赞和。

以场部为点，向西横，踩矮一座山巅。

一路花语，一路鸟歌，间或有山溪的小唱。

甩，一脚又一脚，把远山近水甩在腰后，猎奇，猎绝，猎千古绝唱。

百丈水坝，于脑海，站立的风景。前趋，前趋，不知疲倦的脚丫，鲜活一座山，鲜活一幅幅意境。

激扬文字，那是踩矮将军峰的话题。先前的顶礼膜拜，缘于虔诚，缘于一个个传说，徐霞客的，柳宗元的，还有一位位被贬的仕途的写实，随旷阔的绿野，挂成眼帘的画卷。百尺当头，流银的音符，囊括几多神韵。

静静的群山，静静的堤坝，静静的水韵。

云彩飘逸，那是经典的写照，定格远山的背景。

无垠之水自天上来，跌宕一坝坝雄壮，将静态的美宣泄在群山流水中。

汪汪细流，涉过春秋，涉过冬夏，涉过览胜者的心壁。

春风忒多情，夏雨忒多意，秋之思，缠缠绵绵，揽欢唐诗宋词。方块字，一壁又一壁，泻出童趣，泻出深深的耙痕。

岿然不动的,是一山又一山麻石。南国的风光,契入进岁月的风韵,一脉又一脉,诠释大写的人生。

冷日子过去了,暖日走来了。踏青的脚,旋了一路又一路,悬挂在山壁。

翠绿的龙腾,翻出年夜的喜庆,演绎一卷卷地老天荒。

松携着杂木,赴那个千年盛宴,老想翻新话题。

诗有诗的说法,词有词的论道,连对联也不甘寂寞。闪亮登场的,尽是亮点。

崖高千尺。鸟瞰的,仰视的,无不是流动的水韵。

风过几回,雨过几回,在山鸡的字里行间,都有里程碑的句读。

自然了几春,当然了几秋,文人墨客的笔尖,当有余音袅袅。

不客气的是相机,她想圈起一些说道,她想夸张一些点赞,她想笼络一些浮云,当然……当然,还有好多她想。

骑田岭的石雕,一直在鼓噪。水坝石,水坝石,究到底,都是死的风景,灵与肉,尚在画框外徘徊。

有多少文人骚客,想融进那山、那坝、那水,留下来的,都是顿足,都是捶胸,风光依旧鲜活,梦萦的,照旧是梦萦。

诗圣的浪漫,诗仙的写真,拗不过现代诗人。

浪击诗绪,滑翔灵感,不朽的是新的开篇。

灵动的水坝石,如山里的汉子,粗犷的喉歌,起伏连绵的群山。

过往的烟云,雷一季,雨一季之后,那座虹桥,超度的,都是撷景的人物。水坝石,水坝石,石出南国的风光,石出南国的意境,石出南国的一枝独秀。

瑶寨的香,在水坝石打了个旋,没入了夜色。

骑田岭的日子,似一卷神话,覆盖的苍翠,镶进一幅玉色的流动的意境里。

# 石 狮

走出开山寺的传说，爬行在弯弯曲曲的山路上，累了，在寺昌坪歇歇脚，歇不下来的是海拔千米以上的途路。

一览众山小的一尖峰，又喜出望外了一回，那尊石狮，一卧千年万年，瑶寨的故事，瑶寨的传说，瑶寨的喜庆又爬上了心头。

无法考究了，它是那朝那代跑到这地方的。

百兽之王，只要活着，猎食的，全是动物的肉。

如今，如今化为山石，化为镇山之神，雄踞在骑田岭的群峰之中，护佑着八方的生灵。

没有人丈量，它的形体；也没有人计数，它撕咬了几多生灵。微合的眼帘，高挺的鼻梁，还有那张气吞山河的海口，曾惊飞多少生灵，曾惊逃多少灵魂。

山民们至今仍津津乐道的是代代相传的百狮会。

走出年夜，拜完丈人，上百头狮子，从四面八方涌来，跳跃起舞，比试风采。狮子们谁也不让谁，头头都有王者之气。它们奔腾跳跃，它们仰天长啸。火海过了，刀山闯了，深渊飞了，沟壑跃了，连滔滔的海浪也一层一层踩过了。狮王至今还记得，那张插入云霄的罗汉桌，却趴下了一位位比试的伙伴。

## 智慧……
## ……之光

　　不知道过去多少年了，每一次回忆都喜悦满满的，那会儿，他钻桌子、绕圈子、单腿倒立、倒挂金钩、抓痒痒、扭秧歌、鞠躬朝拜，赢得了千年万年的亲嘴嘴，一切的一切都袒露在脸颊的喜悦里。

　　也许是太痴情高山杜鹃了。守望了一岁又一岁。如火的、如霞的高山杜鹃，逗得它追了一山又一山。虚脱之后，只能载载守望在绿色的怀抱之中。

　　跟屁虫样的野牛，只能远远地跟着，距离不远也不近。

　　爱拍狮屁的松，舞着绿色的伞，摇没争强好胜的疲惫。

　　从来没正眼看过的杂草，时不时在人前人后露脸，借着狮威。

　　天底下的风光自然让它占尽了，都以为它一年四季总在梦游，其实醒着的思绪一直在奔突。

　　不止一回，俊男俏妹想爬到它身上借光，那是怎样的妄想呀，次次都止步在狮威里。

　　放就放过了吧，移花接木的高科技，虽然剪进了画框，丝毫不损百兽之王的风范。

　　哪怕到了地老天荒，这具尊容依然招万人仰慕。

# 飞来石

天蓝蓝,水蓝蓝,梦蓝蓝。

只配做背景的远山,也蓝在那卷诗韵里。

山那面依旧是山,绿那头依旧是绿。

在蓝的覆裹下,在绿的包围中,突兀石头上面的石头。

巨大的底色,一层又一层,托起惊天动地的匠心。

星罗棋布的点缀,一景又一景,游客的双眸,游客的相机,都一一闪过,定格在天外来客的形象中。

只能目测,再大的磅也秤不出飞来石的斤斤两两。

也许是哪一颗流星贪恋骑田岭的景色,一不小心竟回不了天庭,也许是齐天大圣大闹天宫,棒落了云岭的宝石,总而言之,言而总之,各式各样的说道都花开有色,文出有形。

隙缝间的野草,传了一代又一代,见证了一世又一世的猜想。好作诗的阳光推敲了一季又一季,季季回落西山。

闪电的问候,雪雨的爱抚,数不清几多回了,答谢的,都是木木的无语。心细的目光看多了,少不了发现。最粗的棱角似乎在向圆滑激进,圆和滑也是一种美。

石从哪里来?那是一个亘古难解的命题,从自然的角度,从人生的角度,都没有满意的答案。

智慧……
……之光

　　来来往往的脚,难分难舍的都是奇观。
　　也许代代相传的飞禽走兽,也许代代相传的草木,它们的祖先知道,也一直传到今天,只是人类破译不了那密码。
　　百丈石托起了万吨石,石叠出来的自然风光,愉悦的都是眸子,愉悦的都是身心,抑或还有一代又一代的点赞。
　　够了——够了的味道,用心体验,用文字表达,这景,就永远有人气,永远有灵气,做大的,总是飞字文章。

# 古韵今声

### 醉蓬莱·赤石万寿桥

去渔溪寻景,万寿桥头,九峰相倚。千古传奇,数吕仙为最。书院诗童,挥毫吟对。看朱毛兴会。指点穷人,锁封击碎,英雄无愧。

追溯长河,明官巡检,搏命达开,气吞云水。护卫乡民,有族中侠士。三拱凌空,垂柳絮飞,巧解鸳鸯配。浅水游虾,戏桥到晓,焉知深意。

### 花犯·五甲功名石

翘檐高,功名逗眠,仍然崇古味。路人沉醉。对对铸风流,喜呆佳丽。旧岁采风思进退,诗联齐落地。犹可忆,监生贡子,一门联五喜。

今年赋韵又匆匆,相逢欢绝对,平平砌垒。思远祖,词坛上,无人极否。成公起,三房殿试,人正在、考场博弈里。唯梦想、一直潇洒,朝阳撩透水。

### 兰陵王·南关古街

一溜古,石板风流退伍。弯桥上,日映流红,脉脉清泉滋贾父。寻思前事数。手舞，毛高夜晤。归终是，中共圣人，锦秀华章红粤楚。

年关酣智悟，看暴动风云，席卷城府。朱陈智取安民谱。霞客亦曾赋，长街殿铺，满目琳琅催李杜，诗海寻芳处。遇姆，话难堵。人文蔚起繁华树，只付与贤达，不须移户。名人民宿，放心住，焉等候！

## 满庭芳·谭氏宗祠

斗拱藏春，花饰守昼，宗祠无限清幽。镂雕览尽，一脉上心头。肥鲤拍窗最好，该不会、临水生愁。骚人到，挥毫泼墨，典故满村楼。

常来知底韵，七龄登第，三策风流。秀湘昆文化，戏苑千秋。休笑鸡公癫子，扬智慧，九寨夸牛。桥亭醉，良辰立赋，古色占头筹。

## 清白堂赋

四知堂里种华章，休说十金夜幕藏。
白果清流属绝配，家风教化比天长。

# 宜章好人（组诗）

### 义工一号——给袁贤光

还是那么性急
才铺开诗笺
就踩进一脚
要升华我的意境

诗三十年
寻你千百回
长年在外
只在字里行间停顿

大街小巷
你的匆匆
扶了几多危
济了几多困

知道你眼浅
见不得抽泣

智 慧 ……
…… 之 光

每一个音符
用灿烂包装

宜章的大事小情
全挂在心壁
万丈荣光
凝成一卷大贤

**书香之家——给湘宜兄弟**

才落座
五千年沉淀
又浮出水面
汪洋文海

越爬越高的
是那座书山
又喜不自禁了
百花的艳

诗出的春风
联出的夏雨
秋出把酒凭栏
喜煞六弦琴

扶摇直上的荷韵
矮了苍穹

方块字垒出的天桥
响彻文曲星的节拍

**阳光家园——给梁思孔们**

打你们来
那网孤寂
就散了伙
连影子也找不着了
也曾问过血缘
她吞吞吐吐了半天
一到逢年过节
仍旧泪水洗脸

终于相信了
人世间的真情
还想多活几十年哩
扔掉了先前的不想

日子又有滋有味起来了
自从来了盼
再聊会儿吧
回回满足孤寡的缠

越活越有劲了
脚告诉鞋
有阳光叩击地面

智慧……
……之光

何需拐杖

**大山卫士——刘真茂**

这是生命
从地底下拱出
风卷过
雷电过
绿越来越厚重了

我通过你
一片绿叶
在现实里
从世界上挤出一条路
进入另一世界的现实

我通过
这片绿叶
我在上面寻找
你经年累月的足迹

在这叶脉里
故事在拓展

小纸片里的日记
和发黄的
报纸

线装成你的传奇
惊诧世俗的双眸

一心扑在山里
三十年
冬去春来
岁岁都有新的起程

**大爱妈妈——给谭兰霞**

铃一响
你就起脚了
在教室里
点燃智慧
播种爱

瘦瘦的山风
飘卷你的刘海
激起心头的寒
你把那双小姐妹
捂成棉袄

最瘆眼的
是娃们的饭碗
萝卜条越来越少了
豆豉只站着几粒
心酸凝进了娃们的天真

智慧……
……之光

孩子的紧巴
你不曾预料
透支的薪水
涉过大山的贫瘠
一回回告急

夜深了
你的梦呓
仍旧被手心手背围困
那路抬头纹
川流不息到天明

**文蚕——给李相邠**

爬在叶脉间
一辈子
啃嚼

吐了六十年
接连不断收获
点赞

位置挪了好多回
移不开的是
初衷

夜澜了
你仍旧在辞海里
激扬

双眸禁不住倦
鼓动脊梁
罢工

没招了
求放大镜
帮忙
也许会破茧
在翩翩里
定格

那幅化境
就是圆满的
句点

**山城美容师——给环卫工人**

在十里长街
披一身星星
戴满头月华
给山城
洗脸

智 慧 ……
…… 之 光

轻点
再轻点
莫惊醒了
高楼大厦的酣梦

春来了
夏去了
那路鱼尾纹
仍旧车水马龙
阅不尽欢腾

不守时的雨
淅淅沥沥
淋湿长长的牵挂
阳台上那串辣椒红
浅了颜色

在季节的边缘
霜也缠绵
才打发寒战
痉挛又爬上了
老寒腿

暗了又明的街灯
记住了修长的背影
连片片鱼肚白

也汗渍渍的了
山城却越发光鲜

**蛇博士——给陈远辉**

踩着那串尖叫
一世的蛇缘
便定在了莽莽林海
连梦里的呓语
也凉飕飕的了

那茎竹竿
至今还记得
几十年来
探了几多蛇窝
镶进了烙铁头们几多印痕

数不过来了
这辈子
有多少蛇儿蛇女
竹又嘟嘴嘴了
抱怨从春尾随到秋

刻骨铭心的日子
你在奈何桥上
打了个转转
最毒蛇母心

智慧……
……之光

你把那话
锁在了喉咙里

那就舞一曲吧
一定要小心
她那暴脾气
冷不丁地
连太息都来不及
更何况陌路的鼻息

处久了
也就有了灵性
大自然的和谐
高潮迭起
让你的奶名
溢出了远山

# 备忘录

## 一

张晋升家长一连来了三个电话,说孩子偷偷摸摸玩手机,半夜钻进被窝里玩,瘾特大。玩手机不好,得变坏事为好事,布置他写一篇作文《不能那样沉溺》。

## 二

都第三天了,钟小泉还没来学校,家长反映,一提到学校就哭,似乎受了天大的委屈。

男孩子当顶天立地,我带他散步的时候,说外班的学生欺负他,校园"欺凌"可不是小事。

开玩笑得有分寸,中午与范老师和对方家长就"开玩笑"进行了沟通,邓运生作了保证,还不行,得观察一段时间,确定"不再犯"才放心。

## 三

王老师反映,姚忠义上课老伏在桌子上,一副没精打采的样子,要详细了解情况。

去了三次香山国际,没见到家长。孩子一直不肯提供家长的

智 慧
……之 光

情况。

邻居告知，他父母不太和睦，老吵，据说快要"散伙"了，原来是缺爱、没有安全感导致的，要把特别的爱给特别的孩子。

## 四

创星小作家征文快到截止时间了，语文老师有些着急，上传的作品寥寥无几。

已是第四次发家长群了，想集全体家长及亲属的智慧参赛，众人拾柴火焰高嘛。

学生讲的也是实情，不会读图，打不开思路，看来，就星期五的班会课，花几十分钟破题，得记住，不要到时又忘了，误事。

## 五

链接发到群里第五天了，就两个目的，其一，请家长们先阅读参赛作文，选水平高的给学生读；其二为班上的参赛选手点赞投票，增加人气，鼓励写手们再接再厉，多参加类似的活动。

票数总数有所提升，要不是一个一个发微信敦促，可能会"波澜不兴"。

一个班级有没有凝聚力、向心力，家长们的作为很重要，得记住这个案例，把他用在期中考试后的家长会上，可不能有"事不关己，高高挂起"的想法，那样，不利于班级文化的建构。

## 六

还是校长眼尖，溜一圈就发上了班上存在的问题：拉帮结派。

校长也没那样神，是家长提供的信息。他们为什么不直接与我说，我才是主管呀。

忽视了，家长写过纸条，我当时夹在了备课本上，为什么没夹在工作笔记本上哩？习惯使然，我这人有时候大大咧咧的，真误事，得改。

## 七

例会，班上有三位同学受表彰，这荣誉有家长的一半，得发文贺喜。

进课堂的时候，一生气就忘了那茬，要不是来访的家长陪我进了教室，幸亏他使了几次眼色才反应过来。

学生经常丢三落四，与班主任有关，是自己没有带好头。

人无完人，出差错的时候，这句话又跳了出来，为自己辩护，其实也是无能的表现，为什么不能做一个完人呢，把这篇文章做大，做出彩，不是更好吗？

## 八

这桥不知过多少回了，带学生来看看，进行好人精神的教育。

拖了一天又一天，忙，分数那东西，整得师生夜不成寐。

好人气候，是宜章最适合出行的天气，无论大人还是小孩。

要提前作布置的，《谢运良和桥》，着眼于功德，积大善，一个也不许马虎。

## 九

开运动会，一个也不能落下，有空的家长，啦啦队里有座位，亲眼见证宝贝出征。

请家长们叮嘱，孩子们注意安全，田赛、径赛，竞的是爆发力，意外时有发生，热身是关键，再难也不放弃。

誓词还没弄完，先征求家长们的意见，再与语文老师商定。

十

预约了三回，那位专家型的讲师，在班上表现一回。

求人不如求己。他确实排满了行期，那就自己上。又有消息传来，后推一个星期，望眼欲穿了哩，我的孩子们。

确实不凡，专业出生的就是不一样，一定要切记，大动作，特邀的，一定是大手笔。

十一

去他家访问，不是我的初衷。

到我屋里坐坐，到门口了，这面子得给。一直给别人面子，摸摸脸蛋，好像找不到皮了。

那孩子表现不好，也不受教，一上门就坏了规矩，还容易误会。

下不为例，下不为例开脱的，总是不良行为。

十二

推门听课，黑压压的都是白头发。

新进老师脸红了，还没见过这阵仗，有点胆怯。

爷爷辈的"专家"，教龄没有低于四十年的。

都喜欢说道，出发点为了学教，我们家的孩子在班上，这理由站得住脚。

新进老师不是丑媳妇,自然不畏惧所谓的"公婆"。

## 十三

又写成"大平洋"了,老师也会犯错。是人难免出错,要勇于承认,立马改。

有时候,出自设计,告诫学生们,汉字不能画蛇添足,更不能缺胳膊少腿,就是这个"大",添一笔可以生出好多字,如犬、太、天、夭、夫,扯出一个话题,群里热闹了好一阵子。

活的教材,受教育的,不单学生。

## 十四

孩子不听教,冷处理,回家反省,三五日。

成绩本来就差,脱课了,怕跟不上,蛮担心。

我们有小灶,特殊照顾的,享受也特别。

那就试试。

别试别试,每一个脚印都要夯实。

## 十五

别哭,倒数第一。每一个班,都有那位置。

优秀班级,个个都是优秀学生。

要你别看,我们班从不排队。

晓得就可以了,何必难为孩子,辛苦了一个学期,功劳有,苦劳也有,更多的是成长。

我的孩子不计较高矮,却老喜欢与班主任比个头。

沾沾自喜的高,常常笑眯眼睛。

# 第六章

# 综合篇

智慧之光

四海欢腾为哪般,
园丁厨艺盖洪荒。
煎熬爆炒烹香味,
八万舌尖点赞忙。

# "双减"视域下课后服务的难点与进路

## 一、引言

学校要科学、合理的对课后服务内容、活动、课程进行设置和安排,让学生能够受到多方面、多层次、多样化的文化教育,增加学生对多类型板块的知识与多种文化的兴趣度与参与度,促使学生在课后服务的放松过程中,激发学生多种能力的潜能"发育",帮助学生在课后服务的参与中,形成良好的道德、意识、行为和习惯。由此可见,学校与教师对课后服务的开设方式与开设类型进行探究和完善,不仅是双减政策的实施要求,更是"促发"学生综合素质与多方面能力发展的重要途径,是教育体系中的改革方向和重要任务。

## 二、课后服务的难点

(一)教师没有合理地进行课后服务的规划与安排

在现下的课后服务开展过程中,教师在进行课后服务的课程设计时,由于课时时长是固定的,教师没能合理地将理论教学与实践创作进行合理的安排,理论知识与实践知识的教学分配"不均"、不合理,时常会影响学生对理论知识的理解,导致学生对知识板块认知不清、理解不透彻,也会让学生实践时长过短,没办法很好地对技艺知识进行实践操作,影响学生在课后服务课程技能中的掌握与知识的吸收。同时，教师没有对课后服务的课程设计进行合理的规划，也会让学生对课后服务课程的憧憬度与兴趣度逐渐下降，学生在课程中无法养成高度的学习专注度，也无法感受到艺术文化的内涵，这将影响学生良好学习习惯与文化涵养的有效形成。

（二）教师在课后服务中的教学思维较为局限

教师在进行课后服务的课程教学中，教学思维较为局限，教学形式过于单一，教师没有以培养学生良好、正确的人文素养、促进学生艺术内涵和综合素质的提高作为主要教学"主旨"，这让课后服务失去了其真正的意义与美育培养的作用。教师课后服务教学思维的局限性，不仅会让课后课程的设置、规划与美育培养走向"互不相干"的方向，也会"徒增"学生的学业压力，减少学生对文化、艺术的喜爱程度和兴趣程度，更会让学生在剪纸课程中感知不到艺术的美好与传统文化的魅力。减少了课后服务课程对学生美育培养的积极作用，也会让课后服务对学生的性情熏陶作用"大打折扣"，导致学生的创新意识与创新能力"停滞不前"，艺术内涵得不到升华，也会让课后服务课程所涉及的文化、艺术得不到更多、更好、更优质的传承。这对于中国传统文化的弘扬与发展也起到了一定的阻碍作用。

**三、课后服务的必要性**

在"双减"政策与素质教育的大背景下，课后服务的开展势在必得，它不仅能够让学生在繁多的科目知识中"抽取"出来，让学生得以放松和喘气，也能够让学生在课后服务的活动与课程的参与中，深刻地接触、感受、了解、学习我国不同文化的精髓与独特，更能够促使学生在课后服务中主动、积极地去传承中华文化，激发学生的民族自豪感，对于学生的人生发展与良好的学习行为、习惯具有积极的促进作用。同时，教师在进行课后服务的活动、课程选择与设计的过程中，要尽量控制"原材料"的简易，容易上手才能够激发学生的"挑战"欲与挖掘欲，使学生能够根据自己的想法对活动中的作品进行自主的创作，学生的艺术思维、想法不会受到拘束。同时，文化创作需要学生投入较大的专注力，这样能够帮助学生暂时忘却学业中所遇到的烦恼与不良的学业情绪，专注于艺术创作中。由此可见，小学课后服务的开设，不仅能够提高学生的创新思维，开拓学生的大脑转动，也能够让学生在学业压力中得到暂时的"解脱"。学生通过创作，能够得到满足感与"荣誉"感，树立起学习自信心，有助于学生良好学习心态的形成与发展。

**四、如何进行课后服务的开展**

（一）结合传统节日

学校应积极的响应政策号召，提高课后服务水平，将学生的发展与学校的服务活动以及管理活动相融合。传统节日是我国源远流长的文化精髓，它代表着我国的发展历程，更体现出我国各地风俗文化的独特与非凡。教师在进行小学课后服务的设计与开展模式探究过程中，可以结合传统节日，创设主题剪纸创造、美术绘画、舞蹈编排、乐器演奏等不同的课后服务活动，根据学生的个人兴趣爱好进行自主的选择，以此拓展传统文化知识，启发学生在传统文化故事、知识、历史中，了解国家的发展历程，感受民族"发育"的珍贵，强化国家的爱国主义精神与意识。例如，教师可以以"元宵"作为主题，并在学生进行多种不同课后活动和课程的创作之前，向学生普及传统节日元宵所代表的深刻意义与来源历史，让学生明白元宵节日所蕴含"祈祷国泰民安、家园团聚"的美好愿望。同时，教师可以以元宵团圆之意为"导火线",拓展革命故事,通过革命故事,启发学生意识到今天的美好盛景,是多少先辈放弃小我家庭、家园团聚的机会所换来的,激发学生对先辈的敬仰与尊重之情,培养学生伟大的革命理想。除此之外,结合传统节日、革命故事进行剪纸课程知识的拓展与教学,能够为学生的作品提供更多的灵感"源泉",赋予学生丰富、多样的创作"背景",激发学生的创新能动性。通过这样的方式,不仅能够增强学生对艺术历史、故事的了解,提高学生对国家、社会、人民的爱护情感与保护欲望,强化学生的爱国主义精神与意识,也能够让学生在课后服务的参与中,传承优秀的传统文化技艺,推动学生人文素养与文化底蕴的进一步提升。

(二)利用信息技术拓展知识

"双减"背景下,开展课后服务,有利于因材施教,有利于学生个性化发展、健康成长。教师在进行小学课后服务的开展过程中,要学会充分利用发达的信息技术,拓展不同类型、板块的知识和文化,提高学生对多种知识的了解与掌握,为学生多方面能力的发展打下坚固的"地基",有助于增加学生的大脑知识储存库的"容量"。教师可以有效地运用信息技术,根据学生年龄特性、兴趣爱好等多个方面,在课后服务中适当增加一些不同类型的知识,有效的拓宽学生的知识面和思维的宽度与广度。例如,学生在进行景观类型的美术创作或者剪纸活动时,教师可以通过信息技术搜索花样种类,适时向学生拓展牡丹花、玫瑰花、向日葵等多种品种的花样形状与其特点,也可以向学生普及各种动物的形态特征与生长环境等,为学生的创作提供更多的素材和资源。通过利用信息技术拓展知识,不仅能够帮助学生增加各种类型、板块的知识储备,提高学生的文化底蕴和知识"含量",也能够在课后服务创作中促进学生创新、创作能力的提升和发展，引导学生运用主题相关知识，结合自己的理解进行艺术、文化、科学等多种方面的创作，启发学生创新意识的良好形成与发展。

（三）开展艺术作品展览或者比赛

我国文化源远流长且种类丰富，其艺术发展的过程与创作的历程都能够启发学生多个思维方向与能力的高速发展。对于小学的学生来说，在课后服务中进行艺术、文化活动的拓展和教学，具有独特的教育意义与教育价值。教师可以定时组织一次艺术作品的展览会，或者组织学生进行比赛，将学生一段时间以来的艺术创作作品进行集中的展示与参观，也可以开展不同主题的艺术比赛、文化展演等，让学生能够在表演或者观看表演的过程中，陶冶性情。通过艺术作品的创作、艺术展演、比赛等活动，可以减轻学生在学业中所受到的压力与不良的学习情绪，激发学生的创作灵感，促进学生艺术素养与人文精神的良好形成，加深学生对艺术的情感与兴趣，帮助学生在收获更多创作意见与灵感，促进学生自信心的提高与发展，让学生能够在课后服务中收获更多的满足感。

**五、结语**

在"双减"政策的大环境下，教师要利用小学课后服务，为学生提供一个舒缓学业情绪的有效环境与途径，促进学生创作、探索、观察、艺术审美等多方面能力的良好发展，推动学生良好艺术内涵与人文素养等综合素质、能力的形成。

# 信息技术与语文教学的结合

在教学课程体系中,语文是非常重要的学习学科。语文不仅丰富学生的文学知识,同时还能增强学生情感、拓展学生的思维和眼界,帮助学生树立起正确的价值观及人生观、增强学生的爱国情怀、提高学生的综合能力。为顺应时代的趋势,教师要致力于研究将信息技术与语文教学有机结合,以此来丰富课堂教学内容及形式,调动学生的积极性,培养学生自主学习的能力,以此促进教学水平的提高。

## 一、信息技术与语文教学有效结合的意义

在传统的语文教学中,以教师为主体地位的教学形式,教师依靠课本及板书形式对学生进行说教教学。由于学生生活经验有限,学生大多只能被动地接受。这样的课堂很难真正提高学生的学习兴趣,甚至还会使学生产生极大的厌学情绪。比如对于某一首诗歌意境进行分析,教师单纯靠口头表述很难教会学生情感体悟,学生也很难体会作者当时的心情和思想情趣,不利于提高学生的综合素养。多元化的教学形式,不仅丰富学生的学习资源和内容,还能有效地调动学生的学习积极性,活跃课堂气氛。将语文知识更加形象具体地展示给学生们,可以为构建语文高效课堂奠定了基础。此外,信息技术的应用,也为教师提供了更广阔的

教学空间，有利于教师教学创新，积极寻找适合当代学生的教学方法及思路。信息技术的合理运用，可以有效激发学生的创作思维，充分彰显学生的主体地位，更有效地促进学生的综合能力的提升。由此可见，推进现代信息技术与语文教学有机结合是十分必要的。

**二、信息技术与语文教学有效结合的具体措施如下**

（一）提高教师信息技术知识储备。教师在运用信息技术之前首先要掌握信息技术的使用。教师只有掌握了信息技术才能为语文教学的高效开展奠定基础，为学生有效地拓宽知识渠道。因此，语文教师要定期参加科学的信息技术培训，与时俱进、跟上时代的要求丰富自己的知识储备；要不断地提升自身的技术素养，充分地挖掘信息资源，提升学生的学习效果。传统的语文教学，教师以教材为基础，课堂的教学形式单一枯燥，很难调动学生的学习积极性。在现代信息技术下，教师可以通过互联网获取更多的教学资源，丰富课堂内容，改变传统的教学形式，充分调动学生的学习热情，使学生积极主动地参与到教学中，在一定程度上大大拓宽了学生的知识面。

（二）应用信息技术科学有效地进行情景教学。在语文教学过程中，如果采用传统教学，学生很难理解作者想要表达的思想、情感以及写作目的，这就阻碍了学生的学习热情。通过科学运用信息技术，可以有效地为学生构建教学情景。教师将语文与情景教学有机结合，可以帮助学生更直观地感受理解语文所学内容，增强学生学习的代入感，帮助学生更加深刻地理解作者的情感，促进语文高效课堂的开展。例如，古诗《江雪》，这首诗言简意赅，情感丰富，主要表现诗人在遭受打击后有深感孤寂的情感。但是对于小学生来说，由于年龄限制，人生经历欠缺以及与诗人时代不同，他们很难理解诗人孤寂又无可奈何的感受。此时，教师可以通过多媒体的辅助为学生创设这首古诗所描述的情景，以视频或者图片的形式展现这首诗的内容"一座座山峰，却不见飞鸟的踪影，一条条小路，没有行人的踪迹。茫茫白雪覆盖大地，一位穿着蓑衣、戴着笠帽的渔翁，在一个小船上独自垂钓"。学生通过这样直观的感受，可以更加深刻地理解所学内容，更加深刻地体会诗人内心的情感。

（三）应用信息技术科学有效地进行小组合作教学。所谓小组合作教学就是教师科学有效地将学生分为若干小组，以小组为单位，教师组织学生展开自主性、积极性的学习活动。这种教学方式充分尊重以学生为主体的教学地位，使学生之间自由沟通交流，最大限度地激发学生学习的主观能动性，活跃课堂气氛，培养学生团结互助的精神，同时也能使学生积极探索、勇于发言，增强学生的自信。教师将信息技术融入小组合作教学中，可以更加方便快捷地为学生的学习服务。例如，在讲解《走，我们去植树》这一课文时，教师可以借助信息化技术组织学生进行小组合作学习，让学生们充分发表"节约用水"的具体做法，以及怎样从自身做起。教师可以借用信息资源，充分用数据、统计图、视频的形式，向学生详细介绍我国环境的具体情况，包括森林树木逐年减少、水资源污染严重、淡水资源人均占有量少等，然后根据学习主题，使学生充分探讨植树及节约用水的意义。同时，教师还可以引导学生以小组的形式自行搜索节约用水的相关视频或图片，通过共同分享，使学生树立保护环境的意识，养成良好的生活习惯，使教育学生的意义达到更高的层次。

（四）应用信息技术科学有效地调动学生主观能动性。学生的发展在很大程度上是参与意识与应用能力的培养，学生的学习也是一个主动探究的过程，只有充分调动学生主观能动性，才能提高学生的学习水平。教师要为学生积极营造轻松自由的学习环境，开阔学生的思路，培养学生思维敏捷度。学生只有主动参与学习活动，才能促进自身的综合发展。教师必须转变传统的教学观念，充分尊重学生的特点，建立良好的师生关系，以平等的态度信任和尊重每一位学生，让所有的学生自由地想，大胆地质疑，积极地讨论发言，并鼓励他们别出心裁，积极探索创新，促进他们主动参与学习。例如，在讲解《蒹葭》这一课时，教师可以让学生自己应用信息技术获得更多的学习资源，通过视频或图片的形式理解"蒹葭"这一植物的特点，从而帮助学生深刻地理解"蒹葭"这一意象所表达出来的凄迷意境以及诗人对"伊人"爱而不得却又深情渴慕的思想情感。应用信息技术能有效调动学生主观能动性，提高学生的综合素养，为学生的未来发展奠定基础。

### 三、结束语

综上所述，将信息技术与语文教学有效结合已经成为时代发展的必然趋势，信息技术必将推动语文教学发展的步伐。将信息技术与语文教学合理有机理地结合，可以改变传统单一又枯燥的课堂氛围，拓宽学生获得知识的渠道，积极调动学生的学习兴趣，激发学生主动参与课堂的热情；通过信息技术在语文教学中的应用，可以将抽象不易理解的知识转化成具体的、直观的画面来理解，大大降低了学生的学习难度，从而有效地培养学生良好的语文素养，提高语文教学水平。在实际应用中，教师应结合教材内容，选择合适的教学资源，真正达到信息技术与语文教学的有效结合，提升语文教学的有效性。

# 品"味"让小学语文更有滋味

我们知道,语文学科其性质的核心是工具性和人文性的统一。然而在新课程改革的推进过程中,我们的语文教学在关注"人文性"的同时,似乎渐渐走入了一个新的误区——忽略了对教材的"语文性"的重视,模糊了语文学科的特点。特别是小学语文,它应该首先姓"语"。我们要正确把握语文教育的特点,不能把语文课上成自然科学类、思想品德或别的什么课,而要把语文课上得像语文课,就是要还语文的本体特征。其次,小学语文又姓"小",是儿童的语文教育,是儿童学习母语、运用母语为主的教育。那么,在新课程改革理念的范畴下,怎样才能把小学语文课教得"有滋有味"呢?在这里,我想用如下的三个"味"来考虑怎样把语文课上得"有滋有味"。

## 一、语文味

所谓的语文味即是语文的文学韵味,包括语言、意境、情感等韵味,也即是语文美。语文教学的过程,就是引导学生去发现、去体验、去感悟语言文字之美、文章意境之美、作者情感之美。因此,要领悟语文的美,首先必须从语言文字入手,从品味语言达到超越语言,着眼于培养学生语文素养的形成,引领学生获得感受、体验情感、理解见解,使之转化为智慧,最终积淀文

智慧……
……之光

化，形成自己丰富的精神世界。那么，如何从语言文字入手让小学语文更具语文味呢？

我认为，我们必须引领学生细读文本，抓住传神词句，揣摩细节描写。吕叔湘先生说，文本细读就是"从语言出发，再回到语言"。文本细读的起点和终点都是文章的语言，语言承载着作者在认识社会生活中所捕获的意义，寄托着作者的真知灼见，渗透着饱满深沉的思想感情。我们要本着对文本语言的高度警觉，用敏感的心捕捉文本潜在的信息，对每一个字、每一个词，每一句话都不轻易放过，对文本潜心涵咏，品味语言的艺术，发掘文本的核心价值。

我直到现在都还记得我的小学语文老师曾献凤老师给我们分析《将相和》一处分析得很深刻的地方：廉颇主动到蔺相如门上请罪，文中的叙述是，"于是，他脱下战袍，背上荆条，到蔺相如门上请罪"。我们都认为"廉颇背着荆条"说明廉颇请罪的诚意，但曾老师让我们反复地读这句话，问我们还忽略了哪一细节。我们说，"脱下战袍"被忽略了。曾老师给我们讲述到，不要小看这"战袍"，这身战袍陪伴着廉颇将军驰骋沙场，杀敌无数，接着给我们讲述了廉颇大败晋国，攻取阳晋，固守长平，逼退秦兵的故事。"这一身战袍，对于战功赫赫的廉大将军而言意味着什么？""荣誉、地位、名利。"我们签到。"而今，廉将军脱下战袍，又意味着什么？""放下了自己的荣誉、地位、名利。"曾老师通过引领我们细细咀嚼"脱下战袍"这一细节，让我们更准确地把握住了人物的个性特点，更准确把握住了文本的人文内涵。

二、儿童味

小学的语文是儿童的语文。也便是说儿童是小学语文课堂的育人主体,小学语文教学要直面儿童的心灵世界。所以,目标的确定,内容的选择,实施的整个过程与方法及评价等级,一定要符合儿童身心发展的规律,符合儿童的口味。儿童就是儿童,他们既不是缩小的成人,也不是成人的预备。儿童是一个思想上、精神上、人格上独立的人,儿童又是语文学习的主人,因此,小学语文教学必须从成人霸权中走出来,还儿童以发展语文素养的自主权。

语文教师的任务,主要是通过文本向学生提供一个更活跃、更开阔的语文实践平台。在"还"的过程中,语文教师应该自起至终、自觉自愿地成为学生实践的组织者、服务者和帮助者,激发学生的阅读愿望和激情,洞察学生在语文实践过程中可能遇到的困难和障碍,诱发学生作为一名读者的发展和创见,带领学生经由语文课走向一片新的语文天地。为此,我们必须了解儿童、研究儿童、懂得儿童的文化。

要在语文课体现"儿童味",更重要的是凸现儿童的主体地位,把儿童的精神融入语文课,让童声、童心、童趣在老师的唤醒、激励和鼓舞中真实体现。

如教学《王冕学画》。在学习大雨过后,湖里的荷花开得更鲜艳,荷叶是碧绿的,花瓣是粉红的之后,让学生闭上眼睛,想象荷叶清水滴滴,水珠在花瓣上滚来滚去,我问学生"你们看到了什么?听到了什么?"结果不少学生做闭眼沉思状,努力去想那幅美丽的荷花图。一位学生冲出一句:"老师,我什么也没看到!"这是真实的。此时,我并没有训斥那位学生,而是调整了一下教学,跟学生说:"那我们一起再去看看,再去听听吧。"然后播放有配乐的语文朗读,让学生在悠扬的乐曲声中再次感受语言文字带来的美。还是那位学生,他说:"老师,现在我看到了,雨后的荷花真的很美,在阳光照耀下,碧绿的荷叶上水珠不但滚来滚去,还闪闪发亮!"是啊,儿童自有儿童的感动,儿童自有儿童的感动,儿童自有儿童的诠释,儿童自有儿童的情怀,儿童自有儿童的梦想。语文的主人是儿童,我们要尊重儿童的原始表达,要体会语言的真意,要让儿童真情流露,语文课就要尊重儿童的语文世界,上出儿童味来。

### 三、个人味

语文课的个人味,一般是说语文教师在教学过程中处理教材、组织教学活动、选择教学手段、运用教学语言以及教师的仪表风度等诸种因素,凝聚之后显示出来的审美风貌,审美风貌表现为真(真实可信)、诚(诚挚深沉)、新(新颖独特)。这种审美风貌体现于教学的全过程,并为学生所品评体验,或深或浅或长或短地吸引着学生。无个人味的语文课,犹如作家笔下塑造的缺乏个性的人物形象,对读者来说总是缺乏影响力和吸引力。一般地说,这样的语文课不可能是"有滋有味"的。

古人云:文如其人。今人说:上课如作文。可见"课如其人"的说法也合乎逻辑。正如大自然里没有两片完全相同的树叶一样,世界上也没有两个个性绝对相同的教师,因为即使他们的年龄、学历相同,但每个人的性格、气质、感情、特长等总是千差万别的。那如何使语文课富有个人味呢?我们可以从两方面去努力。

第一,教学时做到"胸中有书,目中有人",也就是教材要如出自己之口,如出自己之心。在研究教材时也要研究学生,熟悉学生,不研究学生怎么能教好他们呢?教学是为育人服务的,身为语文教师,要想上出不乏个人味的语文课,就要努力体现"书要滚瓜烂熟,上课不看教材,都在肚子里"。

第二，突现优势，形成个性化教学风格。每位教师都有自己的长处和短处，扬长避短，即突出"人无我有"，在语文课上显出与众不同的个性。如有的教师个性豪放，慷慨激昂，那么在教学中，就上出情来，教出意来，让学生在浓浓情意中得到陶冶。有的教师见多识广、博学多才，善于引经据典、妙语连珠，那么，在教学中就应用开放的教学方法来拓宽学生的视野，扩大其知识面。总之，为了语文课的个人味，每位教师都要善于发现和发挥自己教学上的优势。善画的要运用插画的优势，善读的要运用范读的优势，善唱的要运用吟唱的优势如此，等等，要让教语文课变得很有趣、很有味道，让学生两节课下来说："呀，怎么这么快就结束了？"这样的语文课哪能没有个人味？

在新课程改革的进程里，"有滋有味"的语文课，应能让听者如沐春风，"别有一番滋味在心头"。

智慧……
……之光

# 口语交际，重在"说"
## ——让口语交际成为一种乐趣

《语文课程标准》中指出："语文是最重要的交际工具，是人类文化的重要组成部分。"要教会学生熟练运用母语进行交际，最为基础的则是说话，这是与他人交流思想、表情达意的一个重要途径。同时，学生将所学知识用自己的语言表达出来，也是一个由内化到外化的过程。低年级学生词汇量少，抽象思维能力较弱，这些影响了学生说话能力的提高，作为一名语文教师，怎样指导低年级学生进行说话，使学生乐说、善说，真正做到"让学生把口语交际成为一种乐趣"呢？

一、利用课文插图，引导"说"

在现行的湘教版教材中每个单元都有口语交际的内容。老师们也在积极地尝试着上好每一节口语交际课，以提高学生口语交际的能力和水平。但是，试想这一能力仅仅靠每个单元中那一次训练就真的能提高了吗？我认为，口语交际课只是给我们提供了一个如何进行有效口语交际训练的范例，并非是口语交际训练的唯一途径。新大纲指出："要利用语文教学的各个环节有意识地培养学生的听说能力。"阅读教学是学生、教师、文本之间的对话过程，它本身就承载着培养学生倾听、表达、交流等多种能力，是训练学生语言的重要渠道。作为教师我们要充分利用教材，根据低年级学生的特点对图片、故事、游戏感兴趣，从而激发他们说的欲望。如教四年级下册《望洞庭》这首古诗时，教学中我充分利用教材中的插图，发挥其作用，引导学生说话。教学一开始，我就出示图让学生观察：是什么季节？图上有哪些景物？为什么？学生兴趣盎然，争相描绘，接着让学生试着翻译诗句的意思，在理解的基础上来感悟作者的思想感情。这样在培养学生观察能力的同时进行说话训练，学生又受到了美的熏陶。

## 二、续编课文，想象"说"

学生是编故事的天才，教师千万不要设置框框，限制他们的创造力。例如，我教《丑小鸭》一课时，让学生在熟读完课文以后，发挥想象续篇故事，"说说丑小鸭变成白天鹅以后会怎样？"学生有的说："丑小鸭变成白天鹅以后又回到原来的地方，告诉鸭妈妈和它的姐妹它不是丑小鸭，是美丽的天鹅。"有的说："丑小鸭变成白天鹅之后回来骄傲地对它们的姐妹说，看你们以后还敢欺负我丑吗？"等等。还例如《坐井观天》一课，让学生说说青蛙跳出井之后会说些什么？学生打开思维的闸门，张开想象的翅膀，说青蛙跳出井之后后悔地说："我应该早点跳出来，原来天空这么大，这么蓝，小鸟的话都是真的。"学生怎么想就怎么说，进一步激发了他们的想象和思维，从而有效地进行了口语交际训练。

## 三、借助插图，表演"说"

孩子们十分喜爱小动物，也爱听童话故事。教材中有不少描写小动物的课文，我于是利用教材的特点，在教完课文后，引导学生借助插图进行表演，然后让他们用自己的话将这个故事讲一讲、演一演，这样让学生在听故事、讲故事、表演故事的过程中不断加浓说话的兴趣。例如，教《三借芭蕉扇》，在熟读课文的基础上，给学生准备好头饰，四人一组表演。学生表演得很投入，再加上惟妙惟肖的动作，把孙悟空三借芭蕉扇的过程、结果及孙悟空这个机智勇敢、敢于奋斗的特点表现得淋漓尽致。通过表演不但复现课文内容，更重要的是学生在组织演出的过程中，也是学生进行交际、合作的过程。

**四、巧设课堂作业，促进"说"**

布置一些口语家庭作业，学生在家庭中进行口语交际训练。如当学了寓言两则《拔苗助长》《亡羊补牢》后，要求学生回家，把故事讲给爸爸妈妈听。这样的作业学生乐做，又感兴趣，在玩中又锻炼了口语交际能力。

**五、师生互动，尽情"说"**

课堂教学就是师生交往的双向互动过程，每一堂课都为学生口语能力的发展提供了用武之地，语文课上尤其如此。如教学《小城凤凰》时，在学生感情朗读完，我适时地提问："读完了课文，你知道了什么？"让学生用自己的话尽情地说。生A说我感觉到小城凤凰特别美。生B说我读懂了，凤凰给"我"留下的印象是小、精致、古朴。我说："那么美的小城凤凰你们想去吗？"同学们说："想。"然后我又引导："那凤凰的美美在哪里呢？我们一起走进课堂去看看吧！"

**六、积极评价，激励"说"**

"口语交际"是一个多向互动的过程，在互动中不仅要发展学生的表达能力，更需要老师时刻关注过程、引导、激励，使交际活动顺利进行。在交际中常有些同学沉默不语，有些同学词不达意，针对这种情况，老师就要以自己宽大的胸怀去呵护学生在交际中的细微进步，用"你观察得真仔细""你说得真棒""你听得真认真"这样激励的语言，使学生感受到被赏识，看到自身在交际中的价值，增强交际的自信心。对内向型、害羞的学生的态度尤其热情、中肯，帮助他们扫除心理障碍，对口语表达水平层次不同的学生，应有不同的要求，及时评讲，肯定优点，指出不足。对其口语中出现的这样那样的问题，要善于引导，热情帮助，用欣赏的眼光看学生，并且真诚地赞扬学生，给他们增添无穷的动力，在课堂上对于学生每一句的发言，都给予肯定、表扬或奖励，就是说得不好的，也不训斥，以免挫伤学生的积极性。我在教学时，对学生赞赏的话是常挂在嘴边的，红星、小红花、卡通图片等小礼物更是我时常奖励给孩子们的。对说得特别好的小朋友称他为"说话小能手"等。同时，我还十分重视引导孩子们用赞许的目光去看同学。如鼓掌法，如果同学说得好就为他鼓掌。这样，发言的学生感受到的就是正面的评价，保护了他们的自尊心，提高了其语言表达的勇气，增添了他们对口语交际的乐趣。

　　童心纯真，童心无邪。孩子们很多看似幼稚的想法却闪耀着智慧的光华。在口语交际教学中，教师如能以满腔的热情为学生铺路搭桥，帮助学生寻找出隐含在语文中的童趣，使学生的口语交际能力逐步得到锻炼和提高，真正地让语文课堂变成学生交流与互动的舞台。学生如同鱼儿在水中奔跑、跳跃、呼吸新鲜空气，从而使口语交际不再是他们的负担，而会成为一种乐趣。

智慧……
……之光

# 巧设情境　多边互动
## ——提升交际能力

教学中，引领学生走进课本，走进生活，碰出了智慧的火花，细细想来，还别有一番风味。

**一、巧设情境，激发交际兴趣**

本课教学设计精心设计了多种多样的交际情境，不时地将学生引领进特定的情境中，激起学生的心理体验，激发学生的表达欲望。小学生的表演欲都很强，角色的表演能激发学生参与交际的热情，为了演好角色，学生都努力地使自己的口语表达更清楚、更完整、更符合角色的特点，学生的交际能力在表演中得到了锻炼，得到了发展。

**二、多边互动，培养交际能力**

口语交际的核心是"交际"二字，注重的是人与人的交流与沟通。它是一个听与说双方双向互动的过程，不是听与说的简单相加，只有交际的双方处于互动的状态，才是真正意义上的口语交际。所以，课堂上安排大量时间，注重采取多种形式，特别是全班学生都能参与的形式，让学生在动态的口语交际实践中增强交际能力。这节课就给了学生充足的语言实践的时间与空间，保证学生有充分地"说"的时间和自由地"说"的空间。整节课上，教师就是这样创设了师生互动、生生互动、群体互动等多种形式，让学生在各种情境中，快快乐乐互动交际，轻轻松松实践语言，培养了学生的口语交际能力。

# 从《一棵大树》说开去

从《一棵大树》说开去，是五年级上册第二单元围绕第六课《一棵大树》而设计的口语交际。因为《一棵大树》这篇课文浅显易懂，所以在开展的过程中我设计了以下几个环节：第一是情境导入环节。让学生回忆课文，理清课文中大树和小男孩的人物形象，但唯一不足的地方是学生都只顾自己回答，不会认真倾听别人的话。这也为我开展第二个环节埋下了隐患。

由于学生们都敢畅所欲言说了，我就为孩子们设计了第二环节：畅谈感受，主要围绕这几个问题展开。1. 选取文章中的场景谈感受。说说老人和小男的变化中，你想到了什么。在学生说的过程中教师引导学生注意倾听，并学会归纳抓关键词。学生们在这个环节大家表现得都很活跃，大家积极举手发言。2. 联系生活实际，说说生活中令自己感动的事，并让孩子们在生活中去找原型。在这个环节中孩子们都能说出自己的父母和老师就是那棵大树，默默地、无私地为我们付出。但在说生活中的例子时，就显得比较压抑了。于是我把事先准备好的朱自清的《背影》给他们读了一遍，紧接着又给他们看了一些关于母亲省吃俭用供孩子上学的视频。让他们感悟原来父母的爱都是在我们身边的小事中。这个时候我们班的一个同学说道："这棵大树就像我的母亲，一

智 慧
之 光

次我想让我妈妈买个平板电脑给我，我妈当时什么都没说就同意了。后来奶奶才告诉我，为了买这个平板电脑妈妈整整加了一个月的班，还瘦了五斤。"听到这个孩子的讲述后，其他孩子都纷纷举手来说了。只是虽然我多次强调要注意倾听，但学生依然不为所动。3. 从提取的关键词中找出几组关联词语，组成中心话题，并谈谈自己的看法？学生一听到这个问题时不知所措，但我举了例子如：爱是不是只是长辈的无私给予？你认为文中的小男孩可爱吗？你赞同男孩的做法吗？学生一听马上就炸开锅了，赞同的也有，不赞同的也有。在他们争得不可开交的时候我提出要求：在交流的时候大家各抒己见，但是要学会倾听，学习反驳。反驳不可以强词夺理，要以理服人。学生们在我的引导下渐渐学会了思考，最终得出结论爱与被爱是相互的，不仅要索取，还应该学会付出。

　　通过这堂课才让我真正意识到了其实口语交际也可以上的很有趣，只是平时老师的忽视，导致了学生想说，不敢说，不会说，要不就是扯着嗓子乱说的局面。同时我还发现这课堂上还有很多不足，当学生发言时，其他学生不会注意倾听别人谈话，要不就刻意打断别人谈话。这不仅是一个坏习惯，还会影响学生的学习。也让我更深刻的意识到上好口语交际课的重要性。我会在以后的每一堂课上不断地反思，争取在上口语交际的课上有所进步！

# 提高农村中学生作文水平的几点建议

《语文课程标准》明确指出：作文教学是使学生"能具体明确、文从字顺地表达自己的意思。能根据日常生活需要，运用常见的表达方式写作"。这与原来的教学大纲相比，降低了许多要求。但是这种要求对于农村的中学生来说，仍然难以达到，这与农村中学生的现状有着密切的关系。

受教学条件与其他各种因素的制约，农村中学生中很多人学习基础较差，这也导致他们面对学习时，跟不上脚步，对学习不感兴趣。他们的作文现状更是让人担忧：他们中的很多人作文时中心不明确，材料与要表达的中心意思不一致，词不达意，纯粹在凑字数；不会在作文中正确运用比喻、拟人等修辞手法，写出来的作文干瘪无味。在写作技巧方面就更为欠缺了。还有些学生作文时语句不通顺，佶屈聱牙，不知所云。更有甚者，一篇作文下来，错别字一大堆，一篇作文只有一段。所写的东西也是胡编乱造的，没有一点自己的感情流露，又怎样能让别人感动呢？身为农村教师，不得不面对这种现状，不得不去试图改变这种现状。因为作文教学是语文教学的一个重要组成部分，作文是培养学生良好品质，培养学生健康审美情操，陶冶性情，形成正确的人生观、价值观，塑造学生健康人格的一种重要途径。究竟从哪些方面去改变呢？笔者认为可以从以下几个方面去努力。

**一、阅读教学紧扣作文技巧**

在农村中学作文教学存在一个较大的误区，就是为作文而作文。每次到了作文课，老师才讲一些所谓的作文技巧，进行临时的作文指导，然后要求学生写作文。殊不知，我们教材所选的课文都是些优秀的作文，我们平时上课时，就可以以教材课文为蓝本，进行作文技巧技能讲解和训练。这样做学生易于模仿操作，也可以有效地提高学生作文水平和能力。比如我们在教学朱自清先生的《春》时，可以当场让学生按照朱自清的分五幅图画写自己家乡春天，并且运用比喻、拟人等写作技巧。大多数学生都能较快地找到作文的切入点，运用一些修辞手法来作文，写得像模像样，情不自禁地把自己家乡的美写出来。还有写人的亦是如此，我们在教学《背景》《我的母亲》《藤野先生》时，课堂教学时就让学生把这些写人的技巧当场练习，远比等到作文课时才让学生来练习这些技巧，效果要好得多。我们在教学《中国石拱桥》《苏州园林》时，可以当堂课让学生介绍自己的家乡。把作文教学融入阅读教学中来，以课本为蓝本，让学生有样可学，依葫芦画瓢，可以较好地促进农村学生写作水平的提高。

**二、课外阅读积累作文素材**

我们在作文时要适当地鼓励学生学习鲁迅先生的"拿来主义"。多积累一些作文素材，才能把别人的一些素材拿为己用。这就要求我们学生增加课外阅读，通过课外阅读积累素材。组织学生利用农村中学的有限课外书籍，摘记一些精彩的言论或典型事例，积累一些名人故事或名言警句，以笔记的形式相互交流；组织学生看到电视新闻或焦点访谈节目，来掌握一些典型的人和事，了解社会动态，补充新鲜的血液。通过课外阅读积累了一定量的作文素材，学生在写作文时，就不因为没有材料而苦恼了，所写的作文也会因为有了这些素材，从而渐渐地变得有血有肉，变得丰满感人。

### 三、观察生活拓宽作文视野

鲁迅先生曾经说过："如要创作，第一需观察，对任何事物，必须观察准确透彻，才好下笔。"我们常说"文章来源于生活，又高于生活"，也就是说生活为我们的创作提供了丰富的素材。大千世界无奇不有，包罗万象，关键看我们是否是有心人，去观察了没有，去留心了没有。只要我们认真观察、仔细思考，便会发现，生活在农村也有取不完的题材。春节、端午、中秋等节日和婚丧嫁娶等习俗无不透出迷人民俗风情，流露出农家人的淳朴善良好客，无不让人动情；欢快的溪流伴着青翠的山岭，晨雾绕绕，炊烟袅袅，也是一幅动人的山水画；养鸡喂鸭、看牛放羊、钓鱼捕蝉，既劳动又休闲，这些生活体验是城里孩子很难有的。我们可以引导孩子们去用心观察，切身体验，然后把这些所见所闻所感写进自己的作文。我们的学生还会怕自己的作文没有什么东西可写吗？还会怕自己的作文不感人吗？学生们会很快发现写作文其实是一件比较容易的事。只要把自己看到的想到的写下来，做到"心口如一"就行了，慢慢地也就会喜欢上写作文。

### 四、创设情景激发作文灵感

作文应该是有感而发。在现实生活中的我们会有很多灵感，这些灵感是我们对生活的真实体验，真情流露，只不过它们一闪即逝，只是我们没有及时记录下来。我们在作文教学时如能还原这些灵感，及时记录下来，写在纸上，那就可能会成为一篇很好的作文。要还原灵感，我们就必须创设情景，再现生活情境，再次激发灵感。一次考试写一篇关于母爱的作文，学生们的切入点都很普通，没有什么新意，几乎千篇一律，写的都是在暴风雨之夜母亲如何抱着他到医院看病云云。针对这种情况我决心重新让他们写一次。这次我创设了一个情境：在课堂上，我让学生闭着眼睛，用心听歌曲《烛光里的妈妈》。当舒缓的音乐响起的时候，当那感人的歌声深入他们心灵的时候，我知道他们的心灵受到了母爱的震撼："噢，妈妈，烛光里的妈妈，你的双眼是否已经失去了光华，你的两鬓是否增添了白发……妈妈，相信我，女儿自有女儿的报答，我不愿牵着您的衣襟走过春秋冬夏。"听完音乐，在安静祥和的气氛中用舒缓的语调为他们娓娓道来：母亲如何从一位窈窕少女成长为一位母亲，如何十月怀胎的辛劳，如何含辛茹苦的哺育，如何不厌其烦的教育，如何在受到委屈时强忍泪水……这时的孩子有的已经泪流满面，有的也已泫然欲泣，这时写作的时机已到，学生感情的闸门已经打开，我于是说："那么现在就用你的笔，用你的真情，用你的爱给妈妈写一篇颂歌吧！"学生的情绪受到感染，有感而发，生活中点点滴滴的小事在笔端凝聚成爱，主题也在爱中升华。这次写出来的文章因为多了真情实感，佳作妙句自然就多起来了。与考试时的作文相比，这次的作文要好多了。

**五、反复修改提升作文质量**

我们常说"好的作文是改出来的"。古往今来这样的事例很多。"吟安一个字，拈断数茎须。"王安石写"春风又绿江南岸，明月何时照我还？"诗中的"绿"字用得巧妙，自古以来广为称道。据南宋洪迈（《容斋随笔》续笔卷八）记载，王安石先后用了"到""过""入""满"等十多个字，最后才选定这个"绿"字。一个"绿"字用在诗中变成了使动用法的动词，有色彩感和动态感，给人以视觉上的形象美。这就是反复修改的妙处。我们在作文时也可以反复让学生去修改自己的作文，同学之间相互修改，这样不仅可以培养学生的好习惯，还可以锻炼学生的胆量，更可以提升学生作文的质量。

**六、恰当评价培养作文兴趣**

作文评价是作文教学的一个重要组成部分。但有些老师因为各种原因而忽视了，经常使用一些片面的、单一的评价方式，给学生作文进行简单的评价，这种做法很难让学生体会到作文的成就感，从而丧失对作文的兴趣。反之恰当的评价却能培养学生对作文的兴趣。如一个学生在写父亲见自己危险时，写到"父亲一下就冲过来，紧紧地抱着我……"我在评价时说"冲"和"抱"两个字体现了父亲对儿子的保护之情。这个学生看了后，就更加注重炼字了，写的作文也越来越好了作文兴趣也越来越浓厚了。

总之，作文教学作为语文教学的重要组成部分，我们要运用各种教学手段和方式方法，去培养学生的作文兴趣，提高学生的作文水平。

# 劳动教育与语文教学融合的实践
## ——以长村乡学校小学教学点为例

当燕妮问马克思,世界上什么最光荣时,马克思坚定的回答"劳动最光荣"。马克思还说过:"任何一个民族,如果停止劳动,不用说一年,就是几个星期,也要灭亡,这是每一个小孩子都知道的。"从马克思说的这句话里我们可以看出,劳动是人类社会生存和发展的基础,劳动也贯穿于人类发展的始终。因此,将劳动教育融入小学语文教学非常重要。

**一、结合小学语文教材将劳动教育与教学设计相融合**

语文教材中与劳动相关的篇目有很多,让学生与文本进行对话,这样引导学生树立关于劳动正确的价值观。如在统编版语文一年级下册教材中有一篇名为《胖乎乎的小手》的课文,在进行此次教学设计时,笔者在课前让学生分享了自己在家做家务的照片于班级群中,并将这些照片收集起来在课中进行了展示。孩子们通过实践和文本的对话,认识到帮助家人分担家务的重要性,知道了做家务是一件十分光荣的事情。统编版语文二年级下册的《邓小平爷爷植树》,在进行教学设计时,我设置了一个非常重要的环节,即拓展延伸:小朋友们,邓小平爷爷虽然永远离开了我们,但他永远活在我们的心中,让我们也发挥自己微博的力量去为大自然做些贡献吧!例如,不乱扔垃圾、绿色出行并且选择跟家人一起做一些环保公益的事情，等等。在农村小学里，学生大多是留守儿童，将教学设计与劳动教育相结合并以此去开展教学，可使学生身心受益，为孩子今后的生存和发展奠定基础。

**二、在小学语文学科教学实践活动中融入劳动教育**

（一）在习作教学中强化学生自主劳动的习惯

《语文课程标准》在"关于写作教学"的建议中指出：要求学生说真话、实话、心里话，不说假话、空话、套话，并且抵制抄袭行为。而在《关于全面加强新时代大中小学劳动教育的意见》中提出：小学中高年级要注重围绕卫生、劳动习惯养成，让学生做好个人清洁卫生，主动分担家务，适当参加校内外公益劳动，学会与他人合作劳动，体会到劳动光荣。所以我们不妨指导学生观察，记录他们的个人清洁，做家务，参加公共福利劳动力等，以帮助其养成良好的行为习惯。

《语文课程标准》反复强调让学生"懂得写作是为了自我表达和与人交流"。因此，我们可以在进行语文写作教学时，让生亲自去体验劳动、亲身经历，有了这些真情实感，写作教学开展起来也会更顺利。例如，学校应积极开展关于劳动的各类活动，开展活动前教师可向学生提出具有指导性意义的要求，例如，要写清劳动的过程；要把你印象最深、最感兴趣的部分写清楚、具体。通过这种方式，让学生有真正的体验并获得劳动的意义。这样可以激励学生仔细观察劳动过程，体验劳动的乐趣，更进一步形成劳动习惯。

（二）在语文综合性学习中树立正确的劳动价值观

语言课程的基本概念之一是努力创建开放和充满活力的语言课程，语言综合学习可以很好地实现。我们可以以"劳动"为主题组织一次次综合性学习。比如，围绕"劳动的意义"这个小主

第六章 综合篇 231

题可以进行这样的活动设计：（1）搜集不同时代的劳动形态，及所体现的"劳动的意义"的相关资料，并进行分类整理、展示；（2）到当地博物馆寻找"劳动"留下的印记并进行文字记录；（3）跟踪拍摄下周围人的劳动场景及收获，并进行文字说明；（4）亲历劳动实践，记录下所见所闻所感；（5）以"劳动的意义"为话题进行主题演讲……我们应围绕"劳动"这个大主题确定一个个小主题，设计一次次综合性学习，循序渐进，帮助学生树立正确的劳动价值观。

简而言之，我们要将劳动教育有机有效的融入语文学科教学中，使劳动教育取得了真正的有效性。

**三、重视语文教学课外拓展活动，在课外发展劳动教育**

习近平总书记多次强调："幸福都是奋斗出来的"，"奋斗本身就是一种幸福。只有奋斗的人生才称得上幸福的人生"。"奋斗幸福观"引起了人们的强烈共鸣。因此，笔者鼓励本班学生在生活中进行实践，从小事做起。让学生守护身边的绿水青山，沿着海泊河公园，维护公共环境卫生，然后带动路过的叔叔阿姨们一起动手、一起劳动。

同时，我校小学教学点二年级（1）班陆续在班级开展劳动教育系列课程，如班级劳动（岗位体验、自主管理、清洁劳动、社团课程等）、家务劳动（家务劳动、手工制作、衣物洗涤、内务整理、田园美术等）、社会实践劳动（社区公益、研学旅行、科技制作等）。以潜移默化的方式将"立德树人，劳动为先"融入学生劳动教育的各个方面，打开学生生长的新旅程。劳动教育是青少年生长过程中的所必备的，劳动教育也是对生存法则的理解和个人精神生活的丰富无法取代的教育。希望学生们通过劳动，增长劳动知识，学习劳动技能，感受劳动快乐。同时也希望孩子们在劳动中汲取成长需要的营养，感悟生活之美，培养创新创造能力。

**四、结语**

苏霍姆林斯基曾说过，不要把孩子保护起来而不让他们劳动，也不要怕孩子的双手会磨出硬茧。要让孩子知道，面包来之不易。通过劳动，他们不仅可以了解世界，感触自然，而且可以更好地了解自己。真正有意义的劳动教育应该赋予劳动意义，让劳动不只是单纯的"干活"，而是丰富有内涵的"干活"。学生通过劳动，可以增长劳动知识，学习劳动技能，感受劳动快乐。在今后的教育教学工作中笔者将会更进一步将劳动教育与农村小学语文教学相融合。

# 加强安全督导

近几年有关我市校园的中毒事件、踩踏事件、暴力事件、交通安全事件屡见报端,而且每年的安全数字呈上升趋势。这些安全事故都在提醒我们校园安全刻不容缓,必须加强安全督导,促进平安校园!

**一、安全教育发展与安全督导机制现状**

学校领导在管理校园的过程中,都会将重点放在学习教育上,而往往会忽视了学生的安全教育。而且许多中小学学校在安全教育工作上,采取的是讲座或者授课的方式。这种单一的教学模式,不利于取得良好的教学效果,让学生只是学习到了一些关于安全方面的知识,但却不知道如何将这些知识运用到实际生活中。在生活中一旦发生安全事故,他们还是无法应对。例如,发生在寄宿学校的学生踩踏事件,直观地说明寄宿制学校在管理上存在安全隐患,同时也说明,当地教育部门对于学生预防踩踏事故的安全教育是缺位的,安全督导机制存在明显漏洞。

**二、我市安全督导存在的问题**

近年来,我市教育督导部门逐步形成了一套利于学校安全教育督导评估模式与机制。但也存在如下问题:在学校自主安全评估环节上,无具体操作程序和要求;在信息收集的真实性上,对象确立不随机；在定量评分上，有按市局年度考核等次赋分，有"精确的毛估估"之嫌；在督促整改上，有一督了之，无整改限期；在意见反馈上，无教职工代表参加；在安全发展性指标要求上，无规划要求，学校安全发展规划与日常工作两张皮；在督导功能中，重视督"校"，轻视督"政"；在督导形式上，未真正发挥责任区督学挂牌督导作用。这样，安全督导往往是为了验证预定目标的达成程度，它把评价的关注点放在了教育活动结束之后，从而忽略了过程本身的价值，直接导致"安全教育活动已经发生，评价已没有意义"的状况。

**三、建立完善的安全督导制度，促进平安校园**

对学校安全督导评估工作，要逐步实现规范化、制度化，以便及时总结推广办学经验，研究解决工作中出现的问题，促进教育事业的健康发展，确保校园师生安全。这里，谈一谈笔者的一些看法。

1. 在安全督导评估工作中，要坚持实事求是的原则，根据所掌握的第一手资料，客观公正地对学校安全工作作出评估。

2. 在安全督导形式上，要"随机督导（责任区督学挂牌督导）、综合督导、专项督导、协作督导、评议会督导、按需督导、网络督导"相结合。

3. 在"安全督导"实施程序上，自下而上可分为两个阶段，即先由学校进行安全自评，再由政府教育督导部门组织复评。

学校安全自评基本程序：本着"安全第一"的原理，学校由校长牵头成立自评小组，先以学校各部门围绕几年来安全工作重点和各项安全教育教学活动，进行逐项自评、自查、自改，得出分数、确定等级并写出自评报告。学校召开教职工会议，由校长作出安全自评工作汇报，全体教职工根据评估标准，对学校安全工作进行测评；评估小组对测评结果进行整理，提出改进意见和建议，及时调控和改进学校安全工作。自评报告等材料需要认真、实事求是的填写，交上级教育督导部门审核。教育督导部门视"整改问题的落实情况和发展性目标实现情况"确定是否进行督导评估。

教育部门督导室督导评估基本程序：督导评估是在学校自评基础上进行的复评，由教育部门督导室负责组织实施。督导室在实施督导评估前，向被督导评估的单位发放通知，到校后听取校长的全面工作汇报，审阅学校的安全自评报告和自评材料。通过听取汇报，查阅资料，座谈了解，问卷调查，抽样测试，实地调查等方式，收集有关资料信息，进行整理和分析综合，进行验证和辨析，最后形成督导评估意见，作出安全评估结论。评估结束后，对存在突出问题的学校，单独发出《复查通知书》并建立《安全督导评估整改问题备忘录》，对各学校的整改情况随时进行督促、落实。督导评估报告形成并反馈后，应有组织有计划地对被督导学校落实评估意见的整改情况进行跟踪督导和复查（随机督导、按需督导、网络督导），结果也采取反馈及发布的办法，以巩固提高督导评估的成果。

**四、校园安全发展与展望**

总之，学校必须坚持"安全第一，预防为主，不安全不活动，隐患不除不活动"的指导思想，全面贯彻落实党和国家的安全工作方针和政策，建立并完善校园安全督导制度，加强学校各项安全工作。只有实现了学校安全管理工作的规范化、制度化，学生的人身安全才能得到有效保障。

# 书写能力培养的实践与研究

由于学生处在小学的阶段，对于文字的认识较为浅薄，导致其对于很多字不够了解，那么这样就无法很好将各个文字之间的书写规律掌握清楚，不利于小学生的规范书写能力的提高。另外，小学的学生天性爱动，很容易受到一些外在事物的影响，使其无法沉下心来去规范自己的书写。所以，作为小学教师就要从这几个方面出发，在培养小学生的学科能力的同时，也要注重培养学生的规范书写能力，积极改变当前的农村教育中发生的现状，为学生的未来发展奠定良好的书写基础。

**一、农村小学生规范书写能力培养的意义**

（一）有利于保护学生视力，形成良好的书写习惯

教师在培养学生的规范书写能力时，会使学生增加一定的书写知识，明白在书写的过程中，书写姿势是非常重要的。如果在书写的过程当中，采取不恰当的距离，会直接导致自己的视力下降。同时，学生也会明白在书写一小时之后，要适当地休息片刻，避免在光线不好的地方进行读书、写字。所以说，教师将学生的规范书写能力提高后，有利于提高学生保护视力的意识，主动地形成良好的书写习惯。

（二）有利于增强教师效率，方便教师去批改作业

对于教师来说，学生书写是否规范，会直接影响教师的工作效率。而且当教师批改作业时，如果学生的字体优美，那么就会激发出教师想要继续看下去的心态。但是，如果学生写的字较差，教师就要花费更多的工夫去判断字句意思，导致教师的效率降低，因此，教师要主动地去与学生交流，采取合适的方式让学生提高书写能力，推动自身的高效率课后批改。

（三）有利于提高学生素质，强化语文学习的质量

当然，培养学生的规范书写能力，最终还是为学生的综合素质提高做铺垫。学生能够通过书写获得更多的知识以及能力，这有利于学生利用不断增长的写作知识，感受中华汉字文化之美，促进自身文化学习能力的增强，养成良好学习习惯。

**二、农村小学生规范书写能力培养的策略**

（一）在课堂利用多媒体技术，提高规范书写能力的效率

农村的经济发展相比城市较低，教育的基础设施也不够完善，但是其基本的教学手段还是具备的。多媒体技术手段就是教师在课上利用多媒体，将自己提前做好的课前功课和教学想法展示给同学们，这种方式能让学生直观地去了解和认知，通过观看PPT和视频，达到教师良好教学的效果。例如，教师可以在课堂上利用多媒体技术进行教学，通过播放一些书写视频，提高小学生的书写能力。

传统的教学方式对学生进行规范书写能力培养时，教师在讲台上给学生演示一遍，然后让学生自己跟着做。但是小学班级里的学生通常比较多，一些学生可能看不清或者学习兴趣不强，不了解书写错误会带来的影响，导致其不认真书写，也就无法使规范书写能力得到有效的提升。如果教师利用好多媒体进行播放视

频教学，就能让课堂变得生动有趣。优质的书写教学视频会抓住学生的观看心理，会使学生跟着视频内人物的做法，不经意地去模仿，使其规范书写能力得到高效率的增长。教师要做好课前工作，制作精简的 PPT，将写字的笔顺和字体大小一页页展示在电脑上，帮助学生提高书写效率和整体书写效果。

（二）采取分层次的教学方式，改善不同学生的书写习惯

针对小学生个体差异的不同，在培养学生规范书写能力时，教师可以采取分层次的教学模式，通过对不同的学生进行观察，从而明白当前的学生适合怎么样的学习方式。由于学生的家庭氛围不一样，一些家长对学生对于文字书写的要求较高，一些家长重视学生的学科学习，这就导致了学生良好书写习惯养成存在差异。但实际上，学生书写习惯对学生的学习以及未来都有着很大的影响，作为教师就要将这个思想观念传达给学生，让学生重视对规范书写能力的培养。

例如，对于写字工整的学生来说，教师要及时地鼓励，让学生时刻都要记得保持认真书写的态度，在提高学生书写水平的同时，也可以让学生适当的接触软笔字从小练习毛笔字，增添一项新的技能；对于写字中等的学生来说，教师要通过观察发现学生在书写上出现的问题，然后及时教授一些写字技巧，让学生对于写字得到更加清晰的认识；对于写字较差的学生，教师不能采取一味地批评教育，或者斥责学生写的字较丑，一直与其他同学作比较，这会使学生产生逆反心理，更不利于学生培养良好的写字习惯，而是要让学生从基础开始学起，紧抓笔画基础和书写知识，利用有趣的教学方式，让学生更好地获得自身能力增强。

（三）开展与书写相关的活动，增强学生认真书写的兴趣

此外，教师也要与其他教育者共同开展适合农村小学生的书

写活动。只有让教学方法从实践中出发，顺应学生的特点发展，创设良好的书写教学情境，才能提升学生认真书写的兴趣，让他们明白规范书写的重要性。另外，教师也可以用自己的方式激励学生，在活动中设置一定的奖励，激发学生的好胜心。

学生的年龄较小，开展有趣的课外活动，可以调动起学生的积极性，从而激发学生的兴趣，让学生都能够参与到活动中来。例如，教师就可以定期开展书写评比活动，积极鼓励学生展示自己的书写作业，并交流自己对于写字的想法。活动内的书写题材和器具不限，可以是铅笔字，也可以是钢笔字和毛笔字，可以描写课文相关内容，也可以是自己的感想、遇见的优美语句。学生在交完作品后，教师要及时批改。批改结束后可以将学生参与比赛的作品张贴在班级墙上，然后在每一个作品下增加自己的评语和意见。当学生再次来到教室时，就能够直观的看见每一个同学的作品，使自己的兴趣和学习劲头在活动中得到激发。对于获得教师奖励的学生来说，教师要不吝夸赞，但要教导学生不要骄傲；对于没有获得奖励的，教师也要告诉学生，下次活动再接再厉，不要放弃。同时，这种活动还给学生创建出了一种学习情境，让学生在学习书写的氛围中，积极提高自己的书写能力，发现自己的不足并及时改正。当学生观看到书写规范的字体时，会忍不住赞叹和羡慕，从而下定决心，让自己也要主动去认真写字，提高书写水平。

### 三、结束语

综上所述，教师要逐渐重视对小学生规范书写能力的培养。除了以上的三点策略，教师也可以将课上笔记书写和卷面书写作为评价学生能力和成绩的标准之一，使学生在教师的引导下都能养成良好的规范书写习惯，改善自己的字体书写。

# 后记

# 写自己的书，感自己的恩

画上《智慧之光》的句号，已是子夜时节，我长长地嘘了一口气，喜上心头，总算没有辜负韶华。特兴奋，睡意全无，生出一种意犹未尽的境界，老想冲动些什么。

无来由想起了启蒙老师，他教我识字，识一个个方块字，最最单一的一道工序："读书就这么简单！"当初并不明白，还是当老师之后，才悟出来的：不要把简单的读书复杂化。只有一味地积少成多，方能成大器，至而懂得了感恩。

经常与智叟扯嘴皮子，再蠢的人也会日渐聪明起来。这是我的第二个领悟。我的生活圈里，有许多帮助我成长的人，有我的长辈、领导、同事，他们给予我方方面面的智慧。其中影响最深的是谢作堂老师，见面就鞭策，于是有了目的性。他像一座灯塔，招引我奋力前行，不敢有丝毫懈怠。

父母是最好的老师。老辈人说得地道："屋檐水层层滴！"家风是一卷耐读的书。在我们家，做人老实憨厚、纯朴善良是永恒的主题。这样的熏陶，为我以后能够在杏坛里成就一番事业，成为学生们的榜样，提供了重要帮助。

妻子给了我最大的支持。我们的小家庭之所以经营得风生水起，全赖有一个聪慧的妻子。她在县城，我在乡下，家庭的重担

智慧……
……之光

全压在了她的肩上。她无怨无悔！把家里打理得井井有条，把事务处理得恰到好处。无论是赡养双方的老人，还是抚育嗷嗷待哺的娇儿，她都做到了最好。因为有了妻子的倾心付出，远在乡村学校的我，才有足够的时间、充分的空间施展拳脚，耕耘自己的一亩三分地，季季收刈沉甸甸的欢笑……

还有一个老伙计，特别值得一提，那就是陈荣华老师。我们相识在长村，莫逆在长村，屈指一算二十余年矣！那会儿，我刚入行。他是一位支教老师，教地理和政治，忙里偷闲，引领一群文学爱好者，走村串户、跋山涉水，采风出串串阳春白雪，成为山村学校最靓的风景，喜煞山窝窝里的眸子。他写诗歌，写散文，写小说，抒发古韵今声，别具一格，为我以后的教学和创作助益良多。我一生致力于写自己的人生，与他的影响息息相关。专著付梓之际，我约他作序，他欣然提笔，囊括我志业乡村教育的一生。

本书得以出版，当有方方面面的支持，我才疏学浅，无论用什么样的言语，都表达不尽对至爱、对师长、对同事、对亲朋好友的谢意。

囿于学识，加上时间的匆忙，来不及精雕细刻，书中的许多立论，都没有"刨根问底"，许多情感，都没有淋漓尽致，有待于在探究中升华，在酝酿里醇厚，更祈请方家一如既往地教化和斧正。